UN GRAND
week-end

# DUBAÏ - ABU DHABI

Kite Beach, Dubaï

# DUBAÏ

Dubaï, dont les buildings futuristes sont directement sortis des sables du désert, est époustouflante et innovante, avant-gardiste et sans limite... Cette ville incarne le nouveau rêve arabe. À cheval entre mer et désert, Dubaï a su s'imposer sur la scène mondiale par ses impressionnants projets architecturaux. Mais elle a su aussi garder son histoire et ses traditions bédouines, qui font d'elle une ville accueillante au cœur de la péninsule Arabique. Choisie pour l'Exposition universelle de 2020, Dubaï n'a pas fini d'étonner avec ses chantiers démesurés. Architectes, décorateurs du monde entier s'en donnent à cœur joie : station de ski en plein désert, restaurant dans les airs, îles artificielles représentant la carte du monde, buildings qui donnent le tournis... Dubaï est une ville en perpétuelle évolution.

Le Burj al-Arab vu du Mina A'Salam

**Notre auteur, Émilie Fériaud,** vit et travaille à Dubaï depuis 2013. Également styliste et illustratrice, elle aime sortir des sentiers battus et découvrir, loin des idées reçues, les facettes insolites et extravagantes de la ville.

**Notre photographe, Ursula Rénique,** est passionnée de portraits. Née au Pérou, elle a grandi à New York, à Buenos Aires et à Madrid. Aujourd'hui, elle habite Dubaï, la photographie a toujours fait partie de son environnement culturel et professionnel.

## Un Grand Week-end sur les réseaux sociaux

Suivez-nous sur *Facebook*, *Twitter* et *Instagram* **@Ungrandweekend**

Vous y trouverez nos photos coups de cœur, nos expériences uniques et surtout une réponse personnalisée à toutes vos questions.

Et si vous y contribuiez ? Nous aimons beaucoup voir nos guides en voyage : postez une photo de votre guide en situation et taguez-nous, nous partagerons les plus belles et récompenserons régulièrement les plus appréciées.

# Les incontournables DE DUBAÏ et Abu Dhabi

## BUR DUBAI

Découvrez le Dubaï historique. Bur Dubai regorge de petits trésors, de musées logés autour de la *creek* et de souks. Il vous suffit ensuite d'emprunter un *abra*, bateau traditionnel, pour vous rendre sur l'autre rive. Loin des gratte-ciel, le dépaysement est assuré. Voir p. 24.

## LE SOUK DE L'OR À DEIRA

Cest l'un des plus célèbres souks pour les amateurs de bijoux. Sous les lumières des boutiques, les parures brillent de mille feux. Vous y trouverez des bijoux en or à différents carats et des pierres précieuses à des prix qui sont parmi les plus bas au monde. Voir p. 38.

## DUBAI MUSEUM

Aménagé dans le fort Al-Fahidi, construit au XVIII^e s., ce musée propose une belle rétrospective, pour comprendre l'évolution de Dubaï, village de pêcheurs de perles, jusqu'au développement fulgurant de la cité moderne. Voir p. 27.

## BURJ KHALIFA

C'est toujours la plus haute tour du monde, culminant à 828 m pour un total de 160 étages habitables ! L'ascension « At the top » jusqu'aux 124e et 125e étages est théâtrale. Pour une visite plus VIP, vous monterez jusqu'au 148e étage... Une vue à couper le souffle pour admirer la ville à 360 °, jusqu'à 95 km à la ronde ! Voir p. 46.

## DUBAI FOUNTAIN

Un spectacle eau, sons et lumières unique et inoubliable ! Ce ballet envoûtant de fontaines qui tourbillonnent et serpentent au rythme de musiques vibrantes a lieu chaque soir. Pour se joindre à la danse, la façade de Burj Khalifa s'anime de projections d'images trépidantes. Hypnotisant ! Voir p. 50.

## LE QUARTIER DE DUBAI MARINA - JBR

Haut lieu de villégiature, où des gratte-ciel étourdissants bordent une marina et un front de mer aménagés pour toutes les envies. Entre terre et mer, un pont piétonnier relie désormais ce quartier vibrant et animé à la nouvelle île Bluewaters Island. Voir p. 68.

## PALM JUMEIRAH ET L'ATLANTIS

La promenade de 11 km, sur le croissant de cet archipel artificiel en forme de palmier, offre l'une des plus belles vues sur le golfe Persique. Telle une forteresse fière et conquérante, l'Atlantis, hôtel emblématique de Dubaï, reste l'attraction principale. Voir p. 74 et 75.

## DUBAI MALL ET MALL OF THE EMIRATES

Pour une virée shopping ou juste par curiosité, ne ratez pas ces deux temples de la consommation. Dubai Mall est le centre commercial le plus grand et le plus visité au monde. Et pour dévaler une piste de ski aux portes du désert, direction Mall of the Emirates ! Voir p. 48 et 68.

## MADINAT JUMEIRAH

Le quartier de Madinat Jumeirah a tout pour vous séduire : un village arabe traditionnel reconstitué, où vous pouvez vous balader, faire un tour d'*abra*, manger au bord de l'eau avec la meilleure vue sur le Burj al-Arab... Voir p. 62.

## KITE BEACH

C'est la plage cool de Dubaï, fréquentée le week-end par une joyeuse cohue d'expats, de locaux et de touristes. Grand choix de *street food* et d'activités sportives et nautiques. Spot 3 étoiles pour un selfie avec le Burj al-Arab en toile de fond ! Voir p. 60.

## LE DÉSERT

Un séjour à Dubaï ne serait pas complet sans une excursion dans le désert. Profitez d'un safari en 4x4 ou en quad pour traverser les dunes et passer la nuit dans un campement sous les étoiles. Voir p. 83.

## LA MOSQUÉE SHEIKH ZAYED À ABU DHABI

La grande mosquée Sheikh Zayed est le bâtiment iconique d'Abu Dhabi. Un trésor d'architecture où fusionnent des éléments de style mamelouk, ottoman et fatimide pour un résultat harmonieux et résolument moderne. Voir p. 91.

## LE LOUVRE ABU DHABI

Sublimé par le bâtiment de l'architecte Jean Nouvel, le Louvre Abu Dhabi a réussi à s'imposer comme le nouveau phare culturel des Émirats. Réunissant différentes civilisations et œuvres d'art, il éclaire remarquablement l'histoire commune de l'humanité. Voir p. 97.

# 10 expériences UNIQUES

## ASSISTER À UNE COURSE DE DROMADAIRES...

... et se plonger ainsi dans l'ambiance locale, à Al Marmoum Camel Racetrack, sur la route d'Al Ain (p. 88).

## MONTER SUR UN PADDLE À UMM SUQEIM BEACH...

... pour approcher la face cachée du Burj al-Arab, côté mer. Les moins sportifs se contenteront d'un pique-nique sur la plage en regardant le soleil rougir juste avant le crépuscule (p. 60) !

## SE LAISSER GLISSER EN ABRA...

... pour admirer l'architecture du vieux Dubaï depuis la *creek*, parmi de modestes travailleurs ou parfois des hommes d'affaires en costume. Le soir, privatisez le bateau pour voir la ville s'illuminer au coucher du soleil (p. 29).

## VOIR DUBAÏ ET LES ÉMIRATS DEPUIS LE CIEL...

... en volant en montgolfière au-dessus du désert (p. 192) ou en sautant en parachute au-dessus de la Palm (p. 69).

## OSER MANGER UN *CAMEL BURGER*...

... et goûter aux *luqaimat*, un dessert traditionnel au sirop de dattes, au Local House dans le quartier historique de Bur Dubai (p. 105).

## PETIT-DÉJEUNER À LA TABLE D'UN ÉMIRIEN...

... et lui poser des questions sur tous les sujets possibles et imaginables, au Sheikh Mohammed Centre for Cultural Understanding (p. 27).

## VISITER UNE ÉCURIE DE PUR-SANG ARABES...

... et en profiter pour assister à une course palpitante à Dubai Racing Club (p. 88).

## DÉCOUVRIR LES TRÉSORS CULINAIRES...

... en déambulant dans les vieux quartiers de Dubaï et dans les souks aux épices et de l'or (Frying Pan Adventures p. 111).

## EMPRUNTER UN PONT DE VERRE À DUBAÏ FRAME...

... et avoir l'impression de marcher dans le vide ! Vue panoramique à 360° pour admirer tous les quartiers de la ville et ses horizons infinis (p. 45).

## DÉVALER LES PISTES DE SKI DUBAÏ...

... et passer de 30 à - 4° C, puis s'arrêter au chalet pour se réchauffer avec un chocolat chaud. Les non-skieurs iront à la rencontre des manchots ou profiteront des activités sportives du Snow Park (p. 68).

# Activités
## 100 % DUBAÏOTES

### GALOPER DANS LES DUNES

Et si vous montiez à cheval plutôt que sur un dromadaire ? **Bertrand Lecompte** vous escorte sur les terres d'Al Ruwayyah pour 2 h de chevauchée fantastique, à seulement 25 min du centre-ville. Une randonnée hors du commun (**p. 85**).

### TAMBOURINER SOUS LA VOÛTE CÉLESTE

Venez vibrer autour d'un feu de camp et ressentir les ondes magnétiques d'un soir de pleine lune dans le désert. Transformez-vous en percussionniste tribal émérite et défoulez-vous dans une atmosphère familiale exceptionnelle. Un grand moment de liberté. **Dubai Drums** (**p. 157**).

### MÉDITER EN PLEIN CIEL

Sur le toit d'une paisible villa entourée d'un magnifique jardin, le café zen **Life'n One** propose d'alterner les postures de yoga au rythme du gonging avec, à l'horizon, les tours majestueuses de la cité (**p. 116**).

## S'ENVOLER COMME UN OISEAU

Il vous faudra avoir le cœur bien accroché pour oser vous élancer de cet immeuble de 42 étages et emprunter la **XLine,** une tyrolienne de 1 km de long. Une descente vertigineuse et inoubliable au-dessus de la marina (**p. 71**).

## PARTIR EN SAFARI DANS LE DÉSERT

**Platinum Heritage** propose des excursions authentiques et insolites. Prenez place dans un 4x4 rétro comme si le temps s'était figé dans les années 1950 et entrez dans une réserve sauvage et préservée, terres privée de la famille royale (**p. 84**).

## PARESSER AU HAMMAM

Le hammam symbolise le raffinement de la beauté à l'orientale dans le Maghreb et le Moyen-Orient. Ses bénéfices sont multiples et ses effets immédiats. Rituels ancestraux, savon noir, gommage et massage, ne manquez pas cette expérience que toutes les Émiriennes affectionnent, en vous rendant à l'**Anantara Spa** (p. 176).

# Un grand week-end SUR MESURE

## Première fois à Dubaï ?

**Nous avons découpé la ville en 9 quartiers et proposons 2 escapades dans les environs. Évidemment, en trois jours, vous ne pourrez pas faire toutes ces balades. Alors suivez notre programme pour voir l'essentiel et prendre le pouls de la ville, et à vous de voir si vous voulez remplacer telle visite par une autre en fonction de vos centres d'intérêt...**

### PREMIER JOUR

➡ Débutez votre journée à Bur Dubai (quartier 1) en visitant Dubai Museum, un voyage dans la vie d'antan. Puis rejoignez l'artère principale (Al Fahidi Street) et partez à la découverte des rues historiques d'Al Bastakiya. Pause-déjeuner dans la cour ombragée du XVA Gallery Art Café ou à l'Arabian Tea House.

Mosquée de Jumeirah

➡ Direction Hindi Lane, une ruelle étroite qui vous transportera en Inde le temps de quelques foulées. Elle vous mènera ensuite directement à Bur Dubai Old Souk et à la voie piétonne qui longe les quais de la *creek*. Prenez un *abra* afin de rejoindre Deira (quartier 2). Égarez-vous dans les souks des épices et de l'or. Le soir, retournez dans le quartier 1 à Al Seef et profitez du charme magique d'un dîner à proximité de la rive.

### DEUXIÈME JOUR

➡ Pour un réveil en douceur, démarrez par un café le long des belles plages de La Mer (quartier 5). Puis visitez selon

Madinat

vos envies la mosquée de Jumeirah, le musée Etihad ou ressourcez-vous dans l'incroyable écosystème d'une forêt tropicale reconstituée à The Green Planet.

➡ Rejoignez ensuite le souk Madinat (quartier 6) et déjeunez tranquillement le long des canaux. Vous trouverez des kiosques à souvenirs et des restaurants cosmopolites, dont la plupart des terrasses ont vue sur le Burj al-Arab.

➡ Passez le reste de l'après-midi à Downtown en flânant à Dubai Mall (quartier 4). À l'heure du coucher de soleil, filez au sommet du Burj Khalifa. Pour finir, offrez-vous un bon dîner devant les fontaines de la mythique tour, sur la promenade ou aux abords du Souk Al Bahar.

## TROISIÈME JOUR

➡ Pour saluer le soleil de très bon matin, envolez-vous en montgolfière. Admirez le désert, ses interminables dunes juste aux portes de la cité, et appréciez le calme d'un instant hors du temps.

➡ Continuez votre journée sur la Palm Jumeirah (quartier 9). Visitez l'hôtel Atlantis et son bel aquarium dans une ambiance *Mille et Une Nuits*. Déjeunez sur place en goûtant aux savoureuses pizzas de Ronda Locatelli.

➡ Prenez ensuite le monorail de la Palm direction The Beach JBR (quartier 8) pour un peu de shopping ou de farniente au pied des gratte-ciel.

➡ En fin de journée, dirigez-vous vers la marina et partez voguer sur un *dhow* traditionnel en bois, afin de découvrir Dubaï par la côte au moment du crépuscule.

## NOS CONSEILS DE VISITE

➡ Prévoyez de quoi vous couvrir pour visiter certains sites religieux mais aussi pour éviter d'avoir froid. Même en hiver, l'utilisation de la climatisation reste excessive.

➡ Le vendredi est pour les musulmans aussi sacré que le dimanche chez les chrétiens, ne vous laissez donc pas surprendre par ce week-end décalé et par la fermeture de certains sites, notamment le matin.

# Déjà venu ?

**Vous connaissez déjà les incontournables de Dubaï ? Sortez des sentiers battus et explorez les quartiers plus excentrés ou les environs de la ville.**

City Walk

## DE SATWA À CITY WALK (QUARTIER 5)

➥ Satwa, quartier coloré plein d'atmosphère, où toutes les communautés se côtoient, est la balade idéale pour dénicher des objets hétéroclites et bon marché. Tissus, mercerie, souvenirs, bric-à-brac et de quoi vous restaurer sans vous ruiner.

➥ Rejoignez ensuite Satwa Road vers le sud menant directement à City Walk, un nouveau quartier chic et commerçant au contraste saisissant. L'originalité du lieu tient à son ambiance de village branché articulé autour de rues piétonnes décorées à la mode londonienne. Les murs sont couverts de fresques d'artistes avec le Burj Khalifa en toile de fond.

## D'AL QUOZ À DUBAI DESIGN DISTRICT (QUARTIERS 7 ET 4)

➥ Pour vous immerger dans le Dubaï arty, filez à Alserkal

Avenue. Ses allées aux airs d'entrepôts accueillent des galeries d'art prestigieuses, un cinéma et des artisans talentueux. Allez ensuite vous défouler avec quelques sauts de trampoline à Bounce, puis faites une pause-café et shopping chez The Collective by Ripe, galerie Courtyard.

➡ Direction D3, le nouveau quartier hype de demain, où la plupart des espaces sont occupés par des artistes, des grands noms du design, de l'architecture et de la mode. Tous les créatifs de la ville s'y retrouvent avec un naturel résolument inspiré, plein d'allure et de style.

## À LA DÉCOUVERTE D'ABU DHABI (VISITE 11)

➡ Quittez Dubaï et passez une journée culturelle à Abu Dhabi. Visitez au choix le palais Qasr Al Watan dans les jardins présidentiels, ou Qasr Al Hosn, la forteresse ancestrale de la famille Al Nahyan. Faites un break au bord de l'eau chez Tashas, puis foulez le marbre éblouissant de la Sheikh Zayed Grand Mosque. Changez de péninsule et explorez l'une des merveilles de Saadiyat Island, le Louvre Abu Dhabi. Terminez par une soirée détente dans un club d'exception, le Saadiyat Beach Club.

Abu Dhabi

# Fêtes & FESTIVALS

## Janvier

### Quoz Arts Fest
Deux jours de happening, Street food et concerts pour une célébration des arts et de la diversité culturelle au sein des galeries et des allées d'Alserkal Avenue.
**www.alserkalavenue.ae**

### Dubai Marathon
Chaque année sur la Jumeirah Road, les coureurs passent sous l'ombre du Burj al-Arab pour finir à Media City.
**www.dubaimarathon.org**

### Omega Dubai Desert Classic
L'Emirates Golf Club accueille une compétition attirant les meilleurs golfeurs mondiaux du moment.
**www.omegadubaidesertclassic.com**

## Février

### Sharjah Light Festival
« La nuit brille, Sharjah se réinvente » : architecture modifiée, rues et jardins sous une lumière nouvelle.
**www.sharjahlightfestival.ae**

### Dubai Jazz Festival
L'une des scènes les plus attendues de l'année. Programmation : jazz, rock et soul avec des artistes internationaux, en plein air à Media City.
**www.dubaijazzfest.com**

### Dubai Tennis Open
Championnat de tennis masculin et féminin, durant deux semaines, en journée et en soirée. Avec les meilleurs joueurs internationaux.
**www.dubaidutyfreetennischampionships.com**

### UAE Tour
Le concept de cette course cycliste ouverte aux amateurs et professionnels du monde entier : 7 jours, 7 émirats.
**www.theuaetour.com**

### Dubai Food Festival
Pendant trois semaines, des expériences culinaires sont organisées un peu partout dans la ville. Marchés à ciel ouvert, food trucks, restaurants pop up, rencontres avec de grands chefs. Ne ratez pas Swyp Beach Canteen sur la plage de Nessnass Beach.
**www.dubaifoodfestival.com**

## Mars

### Art Dubai
Un incroyable événement culturel ! Trois jours au Madinat Jumeirah où l'art arabe, d'Afrique et d'Asie surtout, est à l'honneur. Tous les quartiers prennent alors des allures arty.
**www.artdubai.ae**

### Dubai World Cup
L'hippodrome de Meydan accueille régulièrement de prestigieuses courses hippiques. Et en apothéose : le World Cup Carnival, plébiscité par la jet-set.
**www.dubairacingclub.com**

### Sharjah International Biennial
Cette biennale est connue sur la scène internationale, notamment pour l'art local et du Moyen-Orient.
**www.sharjahart.org**

### Art Nights @ Gate Village (bi-annuel : mars et nov.)
Toutes les galeries du DIFC ouvrent leurs portes le temps d'une soirée (accès libre). Expositions, art vivant, projections et DJ sont au rendez-vous.
**www.difc.ae**

### Sikka Art Fair
Au cœur du quartier historique de Bastakiya, une semaine d'expos, de

concerts, d'ateliers et de projections de film célébrant les artistes émergents de la région du golfe. À faire en soirée pour la belle ambiance.
www.dubaiculture.gov.ae

## Avril

### Abu Dhabi Classic Festival

Pendant un mois, musique de chambre et grands orchestres philharmoniques résonnent dans le célèbre Emirates Palace Auditorium.
www.abudhabifestival.ae

### Al-Marmoom Heritage Festival

Course de dromadaires traditionnelle. Ce sport local est le rendez-vous favori des amateurs de courses aux ÉAU (p. 88).
www.almarmoom festivals.ae

## Juin

### Dubai Sports World

Pendant trois mois, ce complexe sophistiqué et climatisé propose de pratiquer des sports avec d'autres joueurs amateurs ou pros, au frais !
www.dubaisportsworld.ae

## Novembre

### Dubai Rugby Sevens

Ce rendez-vous sportif très populaire rassemble les équipes de différentes nations pros et amateurs autour de matchs, spectacles et miniconcerts.
www.dubairugby7s.com

### Grand Prix F1 Abu Dhabi

Toutes les plus grandes écuries du monde s'y retrouvent. Les tickets sont vendus à des prix exorbitants.
www.yasmarinacircuit.com

### Abu Dhabi Art Fair

À ne pas manquer ! Les plus grandes galeries internationales sont présentées et font d'Abu Dhabi une place incontournable sur la scène mondiale de l'art.
www.abudhabiart.ae

### Dubai Design Week

C'est le rendez-vous incontournable des amoureux du design. Six jours de rencontres, d'expositions et de découvertes à Dubai Design District, où se tient également le salon du design - Downtown Design - le plus influent du Moyen-orient.
www.dubaidesignweek.ae
www.downtowndesign.com

### Art Nights @ Gate Village

Voir p. 18.

## Décembre

### UAE National Day

Le 2 décembre, et pendant quelques jours, on célèbre la naissance de la fédération des ÉAU. Grande parade au Burj Khalifa, feux d'artifice et nombreuses animations de traditions locales.

### Dubai International Film Festival

Moment incontournable du cinéma mondial. Cet événement a aussi permis de lancer le marché du film de Dubaï grâce au financement de projets cinématographiques internationaux.
www.dubaifilmfest.com

### Christmas/ New Year's Eve

À Dubaï aussi, Noël est magique, notamment grâce au Madinat Jumeirah. Profitez des nombreux stands et animations, de l'immense sapin et du Père Noël. Au Nouvel An, fantastiques feux d'artifice lancés depuis le Burj Khalifa, le Burj al-Arab, l'Atlantis, The Palm et The World.

### Rain of light Festival

Le Louvre Abu Dhabi organise pendant une semaine des rencontres et des performances artistiques autour des œuvres de la collection, en invitant des danseurs, des musiciens et des artistes. L'opportunité pour les visiteurs de voir le musée d'un autre œil.
www.louvreabudhabi.ae

# Visites

## PAR QUARTIER

Burj Khalifa

# À SAVOIR

Kite Beach

## VISITER DUBAÏ ET ABU DHABI

Nous avons découpé Dubaï en **9 quartiers,** que vous pourrez pour certains visiter à pied. Mais il sera parfois indispensable d'emprunter les transports en commun, le taxi ou même d'envisager une location pour sortir de la ville. Car nous proposons également **des excursions autour de Dubaï** et **une escapade à Abu Dhabi,** situé à 130 km en voiture (1h20). Les alternatives pour vous y rendre : le taxi (250-300 Dhs), l'autopartage (135 Dhs limité à 220 km/j.) ainsi que le bus (25 Dhs).

## LIRE LES CARTES

Chaque visite est accompagnée d'un plan détaillé sur lequel nous avons placé tous les **points d'intérêt** du quartier. Les **pastilles de couleur** indiquent nos bonnes adresses de **restos,** de **bars** et de **boutiques.** Le numéro de la pastille colorée correspond à celui attribué à chacune des adresses. Reportez-vous au chapitre concerné pour lire la notice de l'établissement.

## RÉSERVER EN LIGNE

Pour être sûr des disponibilités et gagner du temps sur place, pensez à réserver vos visites en ligne afin d'éviter les longues files d'attente. Voici les principales activités proposant des réservations en ligne : le Burj Khalifa, les visites guidées à pied ou en bateau, les vols en montgolfière, les excursions dans le désert, l'Atlantis, certains restaurants, les spectacles. Certains sites, comme le Burj Khalifa et le Louvre, proposent des tickets *early bird* (tarifs réduits). Vérifiez toujours les conditions d'annulation.

Dubai International Financial Centre

## SE DÉPLACER

Pour vous rendre d'un quartier à un autre, le transport le plus accessible reste le **métro.** La Nol Card, rechargeable, est très pratique et s'utilise aussi dans le tramway, les bus et les bateaux-bus. Certains sites sont éloignés des stations, vérifiez toujours vos itinéraires, surtout pendant les périodes de fortes chaleurs. La **voiture** est donc incontournable à Dubaï, où le réseau routier est excellent, y compris hors de la ville. Évitez cependant les heures de pointe, 7h30-10h et 17h-19h. Le **taxi** est une bonne solution, relativement bon marché et sans surprise au compteur.

## COMMUNIQUER

Si l'arabe est la langue officielle, l'**anglais** reste le moyen le plus répandu pour communiquer dans les Émirats. Assumez sans complexe votre accent, ici 85 à 90 % des résidents sont expatriés, la langue de Shakespeare n'est donc pas toujours *so british* et sa prononciation souvent atypique.

# 1 Bur Dubai, LA *CREEK* ET L'OLD SOUK

● Restos & bistrots p. 105 ● Bars, clubs & sorties p. 135 ● Boutiques p. 163

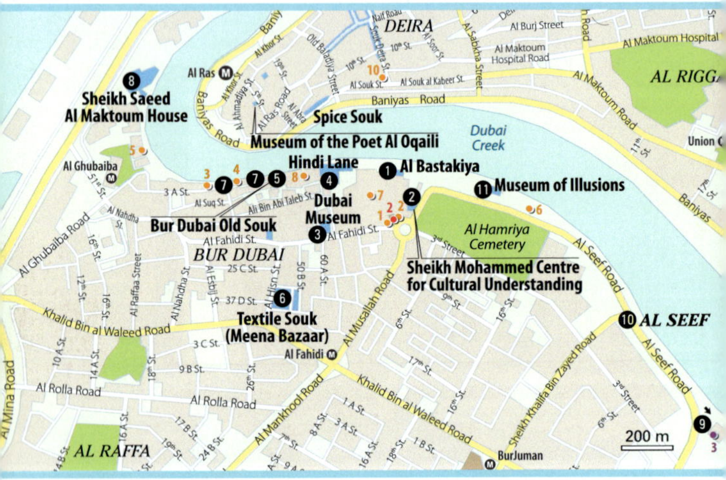


**Partez à la découverte de Bur Dubai, son souk, sa *creek,* son musée, son architecture traditionnelle. Toute cette effervescence saura vous séduire et vous donnera un bel aperçu de l'histoire de cette ville, là où tout a commencé il y a un peu plus de deux siècles... Ce quartier se visite à pied, c'est pourquoi il est préférable de le sillonner en matinée ou en fin de journée selon les températures.**

## ❶ AL BASTAKIYA★★★

Al Bastakiya, aussi appelé **Al Fahidi Historical Neighborhood,** est le quartier historique de Dubaï. Le plus pittoresque et le plus ancien de ses villages, bâti au XIXe s. au bord de la Dubai Creek, invite à la flânerie avec ses ruelles étroites aux couleurs sable. Galeries d'art et *guest houses* vous donneront envie de vous poser pour boire un café. L'occasion de découvrir l'héritage et la culture émirienne et de prendre un bol d'air le week-end dans un quartier hors

Al Bastakiya

du temps à l'ambiance très orientale, tout droit sortie d'un conte des *Mille et Une Nuits*.

## L'héritage perse

Grands commerçants du textile et de la perle, les Perses migrèrent à Ras el-Khaïmah (un des sept États émiriens) pour son impressionnant marché portuaire. Puis, à partir du XIXe s., les Maktoum mirent en place à Dubaï des accords douaniers, poussant les commerçants perses à venir s'installer à Dubai Creek. En 1845, les Perses commencèrent à développer ce quartier qu'ils baptisèrent Al Bastakiya, du nom de leur village en Iran, Bastak. Ils choisirent cet emplacement pour bâtir leurs maisons faites de corail et de pierres calcaires. Vous pourrez observer les *barjeel*, ces très belles tours à vent remarquablement restaurées et témoins de ce riche passé. Elles servaient à ventiler le bâtiment par un système d'aspiration de l'air chaud, en l'expulsant vers l'extérieur.

## Place au progrès

Dans les années 1960, alors que Dubaï est toujours sous protectorat britannique, la découverte de réserves de pétrole engendra un important développement économique. L'exploitation de l'or noir modifia la structure de la ville

et conduisit à la destruction partielle du quartier historique, laissant place à des buildings et des bureaux.
En 1989, le gouvernement entreprit la restauration d'une cinquantaine de bâtiments de l'ancien village d'Al Bastakiya. Il reste un passage obligé de la ville à toute personne souhaitant s'imprégner de la douceur de vivre orientale. Perdez-vous sans hésiter dans ce charmant dédale de ruelles étroites, et revivez la vie des marchands du XIXe s.

## Le berceau de l'art émirien

Le centre historique de Al Bastakiya est l'âme du monde artistique et traditionnel émirien. Les premières galeries d'art du pays choisirent de s'installer dans ce quartier emblématique pour faire rayonner l'art émirien. Aujourd'hui encore on y trouve quelques galeries d'art, des studios et des résidences d'artistes. Tous les ans s'y déroule Sikka, la grande

### Pour une pause arty : XVA Gallery Art Café

Cette maison traditionnelle, qui appartenait à la grande famille émirienne Seddiqi, a été reconvertie en 2003 en hôtel-boutique élégant et paisible. Idéal pour une pause au calme après l'effervescence des souks. Niché dans une cour ombragée, le café propose un *mint lemonade* savoureux et des mets végétariens simples et délicieux, à déguster entouré de sculptures et d'œuvres d'artistes.

**● 7 • Al Musallah Roundabout, quartier Al Fahidi • M° Al Fahidi • ☎ 04 353 5383 • www.xvagallery.com • T.l.j. 7h-22h, dernière commande à 21h • Jus : 25 Dhs ; café : 15 Dhs ; repas : à partir de 40 Dhs.**

exposition d'art contemporain arabe qui a pour but de promouvoir de jeunes talents (voir p. 18).
**À l'angle de Al Fahidi Street et d'Al Musallah Road • M° Al Fahidi • ☎ 04 515 5000 • www.dubaiculture.gov.ae • T.l.j. 9h-18h • Accès libre.**

## ❷ SHEIKH MOHAMMED CENTRE FOR CULTURAL UNDERSTANDING**

Ce centre culturel créé en 1998 par le souverain de Dubaï, le sheikh Mohammed bin Rashid Al Maktoum, s'efforce d'éliminer les barrières culturelles et de faire connaître aux étrangers les traditions et coutumes des Émirats arabes unis. Un lieu qui facilite et crée ainsi des rencontres entre Émiriens et visiteurs. Réservez à l'avance votre petit déjeuner, déjeuner ou dîner dans cette maison traditionnelle. Assis en tailleur, vous voilà l'hôte d'un Émirien ouvert à toutes vos questions.
**House 26, Al Musallah Road • M° Al Fahidi • ☎ 04 353 6666 • www.cultures.ae • Dim.-jeu. 8h-16h, sam. 9h-13h • Petit déjeuner : 90 min, 120 Dhs ; déjeuner : 90 min, 130 Dhs ; dîner : 90 min, 150 Dhs.**

## ❸ DUBAI MUSEUM***

Situé dans le cœur du gigantesque **fort Al Fahidi,** érigé en 1787 pour défendre la côte et assurer la sécurité maritime de la région, c'est l'un des plus anciens bâtiments historiques existants. Il servit de lieu de résidence aux souverains jusqu'en 1896. L'exposition retrace l'histoire de la ville d'une façon très pédagogique et originale. Découvertes archéologiques, histoire de l'industrie perlière et de la pêche vous feront mieux comprendre ce que l'émirat fut avant son essor économique des années 1960. Le musée a pour objectif d'expliquer l'histoire de Dubaï et de la région, mais aussi d'assurer la transmission de l'héritage culturel du pays.

### Un musée ludique

Avant de pénétrer dans le musée, observez les murs de corail et de mortier de sable, puis admirez-en la magnifique porte d'entrée. Cette œuvre historique a appartenu au Sheikh Saeed Al Maktoum (1958-1990). Dans la cour intérieure, vous pourrez voir des bateaux de pêche authentiques et visiter, près de la tour à vent, la maison en *arish* construite et aménagée selon le modèle bédouin. Les tribus locales cuisinaient à l'extérieur, comme en témoignent encore aujourd'hui les pots d'argile et de cuivre exposés ici. En évoluant vers le cœur du musée, vous pourrez voir des cartes géographiques et un film expliquant l'expansion de la région au cours des dernières années.

### Au cœur des villages bédouins

Les galeries intérieures du musée vous dévoilent des objets de la vie courante des nomades. Jetez un œil sur les armes d'époque,

Dubai Museum

les poignards à lame incurvée, les armures, les boucliers, mais aussi les instruments de musique (lyre, zourna, tambours, *gheychak*) et les bijoux. Vous y côtoierez également des personnages historiques d'un réalisme étonnant, mis en scène dans leur environnement et leurs activités de l'époque : marchandage dans les souks, cours à l'école et camps dans le désert. Grâce à la reconstitution complète d'une *majlis* de bédouins, vous pourrez vous imaginer la vie d'antan, quand on se réunissait dans cette pièce traditionnelle pour boire le thé, fumer le narguilé et se divertir.

### Retour aux sources

Arrêtez-vous dans la section archéologique du musée. Vous y découvrirez les origines de Dubaï. Les vestiges exposés remontent à plus de 3 000 ans. Les tombes et les ossements retrouvés sont les témoins de l'histoire de la ville, tout comme les vases et les ustensiles impeccablement conservés par les sables du désert. Ne manquez pas les dioramas montrant les techniques de fabrication déjà bien maîtrisées à l'époque et un artisanat évolué.

**19 Street, Al Fahidi Creek Rive Gauche • M° Al Fahidi • ☎ 04 353 1862 et 04 515 5000 • www.dubaiculture.gov.ae • Sam.-jeu. 8h30-20h30, ven. 14h30-20h30 • Entrée : 3 Dhs.**

## ❹ HINDI LANE★★

C'est un lieu un peu secret qu'il faut savoir trouver, une étroite ruelle piétonne qui loge les deux principaux temples hindouistes de Dubaï. On s'y déplace en rasant les murs pour laisser s'écouler la file continue de dévots et de marchands. Ce passage animé par les échoppes indiennes assure un réel dépaysement. Musique, encens et parfums, offrandes religieuses et guirlandes de fleurs... tout y a la saveur de l'Inde spirituelle.

**Dos à l'entrée de Dubai Museum, partez du trottoir opposé vers la gauche jusqu'à l'angle de la rue Ali Bin Abi Taleb, qui contourne le musée. Continuez tout droit dans la ruelle piétonne.**

## ❺ BUR DUBAI OLD SOUK★★★

Datant du début du XIXe s., il est considéré comme l'un des plus anciens souks de Dubaï. Incontournable, coloré et bruyant, il reste magnifiquement propre et tout y est bien ordonné. Ses travaux de restauration montrent la volonté de la Ville de sauvegarder son patrimoine. Une belle charpente en bois vous protège des rayons du soleil. Il est réputé pour ses grossistes d'étoffes, ses marchands de pashminas pakistanais, de babouches et de poufs...

**Al Souk Al Kabeer ; accès par la 34th Street • M° Al Ghubaiba ou Al Fahidi • T.l.j. 8h30-22h30.**

## ❻ TEXTILE SOUK (MEENA BAZAAR)★

Ce marché, surnommé également Souk Al Kabeer, est aussi un quartier résidentiel prisé de la communauté indienne et pakistanaise. C'est ici qu'elle trouve toutes les denrées et les marchandises à bon marché, en provenance de son pays d'origine. Beaucoup d'étoffes, de bijoux, d'épices et de bibelots achalandent à profusion des échoppes et bazars colorés. Parfait pour rapporter des kilomètres de tissu et des souvenirs à prix modiques.

**Al Souk Al Kabeer ; autour d'Al Hisn Street et d'Al Fahidi Metro station 2 • M° Al Ghubaiba ou Al Fahidi • ☎ 04 338 0681 • www.meena-bazaar.com • T.l.j. 8h-22h.**

## ❼ PROMENADE EN *ABRA*★★★

En arabe *abara* signifie « traverser ». Ce terme a donné son nom à la modeste embarcation en bois avec moteur, moyen le plus pratique et le plus utilisé, pour traverser la *creek* d'une rive à l'autre. Le voyage ne dure que quelques minutes, mais on profite d'une vue très éclectique sur les minarets, les tours à vent et les *dhow*, ces vieux bateaux de négoce en bois colorés en partance pour le détroit d'Ormouz. Il est aussi possible de privatiser l'*abra* pour remonter la *creek* en famille ou en amoureux.

Textile Souk

Sur les quais, 3 A Street et le long de Bur Dubai Old Souk • M° Al Ghubaiba ou Al Fahidi • Entre Bur Dubai Abra Station et Deira Old Souk Station : t.l.j 6h-minuit ; entre Dubai Old Souk Station et Al Sabhkha Station : t.l.j 24/24 • www.rta.ae • Tarifs : 1 Dh ; privatisé 120 Dhs/h.

## 8 SHEIKH SAEED AL MAKTOUM HOUSE**

Cette maison a abrité la famille Al Maktoum de 1896 à 1958. Elle est considérée comme l'un des plus importants points de repère de l'architecture patrimoniale traditionnelle dans l'émirat. Les tours à vent *(barjeel)* qui la composent avaient pour fonction de ventiler l'intérieur des habitations. Restaurée en 1986, elle est devenue un lieu d'exposition historique présentant de magnifiques photos et documents témoins de la ville modeste de l'époque avec ses *barasti* (abris d'été des bédouins) et ses scènes de pêcheurs de perles.

Al Shindagha Road / Al Khaleej Street • M° Al Ghubaiba • ☎ 04 393 7139 • www.dubaitourism.ae • Sam.-jeu. 8h-20h30, ven. 15h-21h30 • Entrée : 3 Dhs.

## 9 CREEKSIDE PARK*

Arrêtez-vous dans ce parc, l'un des rares poumons verts du centre-ville. Il offre une vue sur le Dubai

Al Seef

## Pause avec vue au Mazmi Coffee & More

C'est une histoire d'*amore* qui a mené Ilaria sur les rives de la *creek*. Une rencontre avec Mohamed Mazmi et très vite, l'idée d'ouvrir un café-bed & breakfast chic et accueillant, fusionnant la culture émirienne et italienne. Vous y trouverez une âme, de la créativité culinaire mixant des saveurs d'Orient et d'Italie et un savant mélange de design et d'esprit nomade. Essayez le houmous à la tomate (30 Dhs) et le gelato karak-chai (13 Dhs).

**● 8 • Textile Souq, Creekside • M° Al Ghubaiba ou Al Fahidi • ☎ 04 282 7252 • www.mazmi.me • T.l.j. 8h-18h.**

Creek Golf et le Park Hyatt. La promenade y est très agréable le long de la rive, et le point de vue paisible. Particulièrement apprécié des enfants et de leurs parents, il abrite aussi quelques attractions comme le Children's City et le Dubai Dolphinarium, très prisé de la communauté indienne.

**Al Riyhad Street, entre Al Maktoum et Garhoud Bridge • M° Dubai Healthcare City • ☎ 04 336 7633 • https://www.dm.gov.ae/en/Discover/PublicParks/Pages/Creek-Park.aspx • Dim.-mer. 8h-22h, jeu.-sam. 8h-23h • Entrée : 5 Dhs.**

## ⑩ AL SEEF**

Nouveau venu aux abords de la *creek*, Al Seef est un site surprenant à visiter. Entre passé et futur, la promenade de loisirs s'étend sur 1,8 km. Telle une frise chronologique, les premières maisons, situées près d'Al Bastakiya, sont identiques à celle du secteur historique avec leurs tours à vent *barjeel*, principal élément architectural des Émirats. À mi-chemin, les répliques des demeures traditionnelles laissent place à une jetée contemporaine jalonnée de yachts, et un promenoir bordé de cafés branchés et de commerces animés.

**Al Seef Street • M° Burjuman • ☎ 800 63 7227 • www.alseef.ae**

## ⑪ MUSEUM OF ILLUSIONS**

Ce tout petit musée a vu le jour à Zagreb en Croatie en 2015. Succès immédiat et phénoménal pour un lieu qui n'expose pourtant aucune antiquité ni œuvre d'art. Depuis, le musée a fait des petits dans quelques grandes villes du globe avec un concept singulier : présenter des attractions interactives, visuelles ou tactiles, créant une illusion d'optique déconcertante. Un casse-tête ludique et agréable à explorer en famille, même avec les plus jeunes.

**Al Seef Shop n° P3-17-1 • M° Al Fahidi • ☎ 04 357 3999 • Dim.-mer. 10h-22h, jeu-sam. 10h-minuit • Entrée : 80 Dhs.**

# Dubai Creek et les souks

**Tout a commencé dans Deira et Bur Dubai, les plus anciens quartiers de Dubaï. Bur Dubai fut le point de chute de la tribu des Bani Yas au XIXe s., puis devint le berceau de la famille régnante des Al Maktoum. Ces deux quartiers chargés d'histoire sont séparés par Khor Dubai, la *creek*, qui s'étendait à l'origine jusqu'à Ras Al Khor, à 15 km de là. Aujourd'hui, on peut apprécier le côté pittoresque de ces deux petits « villages » en marge de la ville, en croissance rapide, et en évolution constante.**

## LA COHABITATION DU PASSÉ ET DU PRÉSENT

Au fur et à mesure de l'expansion de Dubaï, Deira a perdu de son importance. En 1926, le quartier est touché par la **crise de la perle**. Puis il devient l'un des principaux ports de réexportation dans le monde. En 1966, on découvre du pétrole à Dubaï, et le centre névralgique de l'État se déplace pour remonter le long de Sheikh Zayed Road et de la côte (Al Sufouh, Marina, JBR). Cela dit, Deira continue à se developper. Le quartier s'est doté du métro aérien et souterrain, de malls et de plus en plus de bâtiments et de tours modernes. Port-Saïd, le petit port de la *creek* de Deira, accueille aujourd'hui encore des bateaux de croisière, des boutres *(dhow)* commerciaux et de petits bateaux de transport. **La *creek* reste vitale pour les commerçants de la région.** En témoignent les camions pleins de marchandises et les dockers qui déchargent à la hâte les boutres de leurs biens divers : pneus, batteries, boissons gazeuses, tissus, sacs de riz, électronique et produits variés destinés aux souks, au marché

### Acheter dans les souks

Tout se marchande ici, devant une tasse de café ou de thé. Entre patience et faux départs, on parvient à faire baisser les prix annoncés de plus de 50 % ! Ne soyez pas surpris si on vient vous chuchoter « *copy-copy* » à l'oreille tous les 100 m, le mieux est de décliner poliment mais fermement. Le cours de l'or est affiché à l'entrée du souk, sur un grand panneau, et la qualité des pierres est contrôlée. N'hésitez surtout pas à acheter safran, encens et brûloir, zaatar et sumac (les épices locales), mais aussi les eaux de rose, de fleur d'oranger, de lavande, du henné, du khôl et des cristaux de menthe.

local ou à l'Afrique, au Moyen-Orient et à l'Inde. Vous aimerez vous perdre dans ces **labyrinthes de ruelles** aux mille échoppes et restaurants asiatiques et arabes. Ce lieu toujours en effervescence est paradoxalement imprégné de sérénité, de bonne humeur et d'authenticité.

Bur Dubai Old Souk

## RICHESSE CULTURELLE ET ARTISANALE

Les « vrais » souks ouverts de Deira, rénovés dans le respect de l'architecture arabe, s'opposent aux souks « artificiels » d'Al Bahar ou de Madinat, ces luxueuses galeries marchandes d'artisanat arabisant. Le plus typique, le **Bur Dubai Old Souk** (1890), est situé dans le quartier de Bur Dubai et englobe Al Bastakiya, le fort et le temple hindou. Au début du XXe s., il connaît un afflux important de commerçants indiens, qui finiront peu à peu par s'installer dans la région. Aujourd'hui, ce souk est un lieu de vie incontournable (voir p. 29). Dubaï a toujours servi de plaque tournante au commerce intense de textile entre le Moyen-Orient et le sous-continent indien. Ces échanges se trouvent encore dynamisés en 1960 par l'installation des populations indienne et pakistanaise à Dubaï. Il reste de ce riche passé une rue animée aux étoffes chatoyantes dans le Bur Dubai Old Souk.

Quant à **Gold Souk et Perfume Souk** (voir p. 38), ils sont incontournables. L'or, crucial dans la structure familiale arabe et chez les natifs d'Asie orientale, constitue la dot : le futur époux se doit d'acheter de l'or neuf à sa promise, et plus il lui en offre, plus le mariage est placé sous de bons auspices. Car il faut savoir que les femmes thésaurisent l'or : comme elles n'ont droit à rien lors d'un éventuel divorce ou décès, il ne leur reste plus que ce qu'elles possèdent personnellement, d'où leur passion pour le luxe. Dans les échoppes de parfum, les senteurs orientales permettent de composer sa propre fragrance.

À voir également : **Spice Souk,** le souk aux épices de Deira, qui date du XIXe s. et vous promet un voyage olfactif sans pareil dans les senteurs et saveurs du Moyen-Orient (voir p. 37).

# Il était une fois les ÉAU

**Il y a près de cinquante ans, les sept émirats, qui forment les ÉAU, étaient loin d'être la puissance économique et le foyer d'immigration que nous connaissons aujourd'hui. Jusqu'à la seconde moitié du XIXe s., ce vaste territoire désertique, habité par quelques familles tribales, était soumis aux invasions et aux aléas des enjeux politiques et commerciaux de la région. Grâce à l'or noir, ce pays a conquis son indépendance et a su faire naître des sables du désert un véritable sentiment national émirien. Les Émirats brillent de mille feux… et ne vont pas s'arrêter là !**

## DES ORIGINES TROUBLES

Avant l'arrivée des Perses, au XIXe s., le territoire d'Arabie était occupé par différentes tribus. Deux familles étendirent leur pouvoir dans la région : les Qawasim et les Bani Yas. Ces derniers sont les ancêtres de la **famille Al Maktoum,** qui s'installe en 1833 à l'embouchure de la Dubai Creek et qui règne depuis sur l'émirat de Dubaï; une autre branche, les Al Nahyan, s'établit en 1793 à Abu Dhabi. Après avoir vaincu les puissants Qawasim, les Britanniques, dont les navires de commerce voguent dans la région, signent des accords de paix avec les chefs de chacun des actuels émirats, appelés les **États de la Trêve.** En 1892, ces États deviennent un protectorat britannique. Ce premier rapprochement entre les différents émirats favorise le développement commercial et économique du pays, notamment grâce à l'**activité perlière**. Dubaï devient le plus important port du Golfe, jusque dans les années 1940. Vers 1958, un premier **gisement de pétrole** est découvert à Abu Dhabi, puis en 1966 à Dubaï. Dès lors, les émirats vont connaître un essor sans précédent.

### Rois du désert

Le **désert** joue un rôle essentiel dans le sentiment d'appartenance des peuples aux Émirats. Il fait partie de l'héritage culturel des Émiriens et son amour se transmet de génération en génération. La communion avec le désert est encouragée par la création d'espaces où sont installés des campements bédouins, 100 % réservés aux Émiriens. Ils y prennent leurs quartiers durant le week-end ou pendant les fêtes religieuses.

## NAISSANCE DES ÉMIRATS

À Abu Dhabi, le **Sheikh Zayed bin Sultan Al Nahyan** perçoit l'enjeu de cette découverte. Il décide de développer l'émirat (écoles, hôpitaux, logements et routes) et finance aussi les projets de Dubaï. Le pays devient une puissance majeure. Les liens entre les différents émirats se resserrent. Ils reprennent le contrôle du territoire, les Britanniques quittent la région. Le 2 décembre 1971, six des sept émirats (Abu Dhabi, Dubaï, Sharjah, Ajman, Oumm al Qaïwaïn et Fujaïrah) forment la fédération des Émirats arabes unis ; Ras el Khaïmah les rejoint en février 1972. Le musée Etihad (voir p. 54) retrace remarquablement l'histoire de cette union. Le Sheikh Zayed est élu premier président des ÉAU, puis réélu tous les cinq ans jusqu'à sa mort en 2004. Son fils aîné, le Sheikh Khalifa bin Zayed Al Nahyan, reprend alors son rôle.

Mosquée Sheikh Zayed Bin Sultan Al Nayan, Abu Dhabi

## L'ÂGE DE L'ÉMANCIPATION

Depuis son indépendance, Dubaï s'est lancé dans de gigantesques projets grâce au **Sheikh Rashid bin Saeed Al Maktoum** (1912-1990), vice-président, Premier ministre des ÉAU et émir de Dubaï. Il est convaincu qu'il faut consacrer une part majeure des revenus pétroliers à la préparation de l'après-pétrole et diversifier les activités de l'émirat. Il développe les villes, finance des projets d'envergure, promeut les affaires du pays à l'international. Dans les années 1990, son fils et successeur, le Sheikh Maktoum bin Rachid Al Maktoum (1943-2006), insuffle un renouveau politique et dirige de nouveaux projets. Aujourd'hui, les Sheikhs Khalifa (Abu Dhabi) et Mohammed (Dubaï) poursuivent la vision de leurs prédécesseurs.

## LES DÉFIS DU XXI$^{e}$ SIÈCLE

Conscients de la durée limitée des gisements pétroliers, les Émirats ont développé l'industrie du tourisme de luxe, des services et de la culture. Certes, la crise de 2009 a touché le pays, et notamment Dubaï, qui a dû faire appel au sheikh d'Abu Dhabi pour le financement de projets en cours, comme le Burj Khalifa. Cependant, les ÉAU mènent depuis longtemps une politique d'ouverture au monde, et la population étrangère ne cesse d'augmenter... attirant toujours plus de nouveaux leaders, capitaux et entreprises. Depuis 2011, l'économie connaît de nouveau la croissance, suivie de la reprise de grands chantiers. Dubaï et Abu Dhabi ont su s'imposer comme des acteurs essentiels de la région, incitant des pays voisins, comme le Qatar, à suivre leurs traces.

# 2 Deira ET LES SOUKS

● Restos & bistrots p. 107 ● Bars, clubs & sorties p. 136

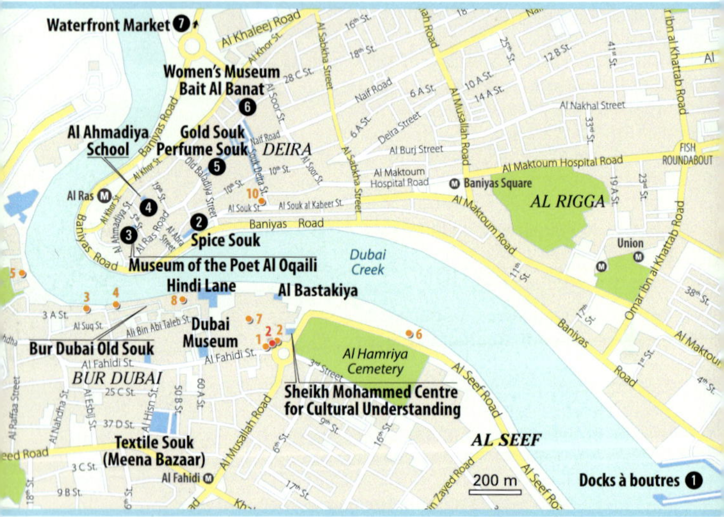


**Pour vous rendre du quartier de Bur Dubai à celui de Deira (et inversement), vous apprécierez de vous déplacer en *abra*. Pittoresque et bondé, le vieux quartier de Deira saura vous surprendre par son charme populaire et authentique. Vous pourrez à la fois marchander dans ses nombreux souks et faire des visites culturelles. Munissez-vous d'espèces pour vos achats.**

## ❶ DOCKS À BOUTRES *(DHOW)*★

On ne peut longer la *creek* sans voir ces vieux navires de bois aux couleurs vives, amarrés en file indienne, qui témoignent des liens commerciaux forts avec les autres pays du Golfe. Ils contribuent encore aujourd'hui à fournir les étals des souks, mais aussi à faire parvenir aux villages inaccessibles par la route toutes les denrées nécessaires. **Sur Baniyas Road, le long de l'Abra Station.**

## ❷ SPICE SOUK★★★

Il y a plus de 3 000 ans, les Arabes lançaient leurs premiers boutres à la recherche des riches épices de la côte du Kerala. Aujourd'hui, le goût des populations locales pour les épices indiennes - poivre, cardamome, safran, mélanges de *masala*, etc. - ne se dément pas et continue à dominer la gastronomie arabe. Le souk aux épices de Deira est né à la fin du XIXe s. avec l'arrivée des Perses à Bastakiya. Il reste aujourd'hui encore un lieu de commerce essentiel pour de nombreuses communautés. Juste en sortant de l'Abra Station, traversez la route et laissez-vous envahir par les effluves d'encens, les arômes enivrants de la cannelle, du curry et autres merveilles venues d'Iran, du Pakistan ou d'Inde. Nous vous conseillons la petite boutique d'Ibrahim Mohd pour acheter de l'*oud* (parfum local), située dans la seconde ruelle à gauche en arrivant.

**Entre Baniyas Road, Al Sabkha Road et Al Abra Street • M° Al Ras ; Abra : Deira Old Souk Station • Sam.-jeu 10h-22h (certains magasins ferment entre 13h et 16h), ven. 16h-22h ; f. pendant les fêtes religieuses chiites.**

## ❸ MUSEUM OF THE POET AL OQAILI★★

Construite en 1923, cette admirable maison appartenait à Mubarak bin Hamad bin Mubarak Al Manea

Al Oqaili. Magnifiquement rénovée, c'est aujourd'hui un musée rendant hommage au poète le plus respecté des Émirats. Comme des alcôves, les pièces sont articulées autour d'une vaste cour intérieure. Les œuvres exposées retracent la vie et les écrits du poète et témoignent aussi de l'atmosphère de la vie d'autrefois. Précieuses archives de la fin du XIXe s. jusqu'au milieu du XXe s.

**Quartier de Al Ras, dans le prolongement du marché aux épices • M° Al Ras • ☎ 04 234 2385 et 04 515 5000 • https://dubaiculture.gov.ae/en/Live-Our-Heritage/Pages/Museum-of-the-Poet-Al-Oqaili.aspx • Dim.-jeu. 8h-14h • Accès libre.**

Gold Souk

## ❹ AL AHMADIYA SCHOOL★★

Le Sheikh Mohammed bin Ahmed bin Dalmouk a choisi cette jolie maison bien décorée pour abriter la plus ancienne école de Dubaï (1912). Afin de financer l'école sans freiner l'évolution d'une éducation pour tous, il suffisait à l'époque de payer une somme presque symbolique pour assister aux cours ; les plus pauvres, eux, entraient gratuitement. Aujourd'hui, ce musée propose d'intéressants diaporamas et vidéos sur l'éducation musulmane et son développement aux Émirats.

**Al Ahmadiya Street, au nord du Spice Souk • M° Al Ras • ☎ 04 226 0286 • https://dubaiculture.gov.ae/en/Live-Our-Heritage/Pages/Al-Ahmadiya-School.aspx • Temporairement fermé.**

## ❺ GOLD SOUK ET PERFUME SOUK★★★

Attention, ça brille ! Ce marché de l'or est le plus grand du Moyen-Orient et il attire les acheteurs de toute la région. Les prix peuvent être très intéressants, si l'on sait prendre son temps pour négocier. La couleur jaune saturé des parures est signe de forte teneur en or. La majorité des échoppes propose des colliers, bagues et pendentifs ornés de diamants. Remontez le souk de l'or jusqu'à Sikkat Al Khail et sentez les fragrances orientales. Vous êtes dans la rue des parfums. Une quinzaine de boutiques propose

## Pause authentique dans les souks

Une petite faim ? Laissez-vous tenter par ces petits beignets locaux, souvent épicés et que l'on peut trouver à chaque coin de rue ou presque. Samoussas viande ou légumes, beignets de pommes de terre-curry... C'est un régal assuré à petit prix (2 pour 1 Dhs, 12 pour 5 Dhs). Essayez aussi le fameux thé originaire du Qatar, le Karak Chai, un thé au lait sucré aromatisé à la cardamome (1 à 2 Dhs). Il est excellent chez **Al Haj's Coffee shop** (19 C Street, situé en retrait à 50 m d'Al Souk Street, non loin de Souk Deira Street).

● 10

des parfums traditionnels destinés aux locaux. Profitez-en pour créer votre propre parfum sur place !

**Gold Souk :** Al Khor Street / Sikkat Al Khail Road • M° Al Ras • Sam.-jeu. 10h-22h (certains magasins sont fermés entre 13h et 16h), ven. 16h-22h.

**Perfume Souk :** Sikkat Al Khail Road, au sud du Gold Souk • Sam.-jeu. 10h-13h et 15h-22h.

### ❻ WOMEN'S MUSEUM BAIT AL BANAT★★

Unique dans le monde arabe, ce musée de la femme inauguré en 2012 nous aide à mieux comprendre les différents rôles joués par les femmes, qui ont contribué au succès et au développement de Dubaï et des ÉAU. Il contient des œuvres d'art, des peintures et des costumes, la plupart offerts par les familles de ces femmes, témoignant ainsi de leur culture et de la fierté qu'elles en tirent.

Al Sabkha Street, quartier de Dhighaya, proche du Gold Souk • M° Al Ras • ☎ 04 234 2342 • www.womenmuseumuae.com • Sam.-jeu. 10h-19h • Entrée : 20 Dhs.

### ❼ WATERFRONT MARKET★

Figure iconique de l'ambiance populaire du quartier pendant 60 ans, **Deira Fish Market,** le plus grand marché aux poissons de la ville, a fait peau neuve dans de nouveaux locaux modernes et climatisés. Certains nostalgiques le trouvent un peu moins charmant et typique qu'avant, mais il reste toujours aussi impressionnant et trépident. Il fourmille d'étals de poissons, de crustacés fraîchement pêchés, mais aussi de produits maraîchers, de kiosques et de restaurants. Mieux vaut avoir des chaussures fermées pour s'y promener.

Al Khaleej Road, sur la corniche près de Hamriya Port • ☎ 800 627 538 • https://waterfrontmarket.ae • T.l.j. 24h/24 ; f. sam.-jeu. 2h-4h et ven. minuit-1h30.

# Une architecture TÉMOIN DU PASSÉ

**Dans un pays où une nouvelle tour semble sortir de terre chaque mois, on est étonné de voir cohabiter si « naturellement » une architecture classique et une autre davantage futuriste. Certains édifices parmi les plus récents vont même jusqu'à reproduire l'architecture arabe traditionnelle tout en l'adaptant aux normes esthétiques et sécuritaires du XXI^e s. C'est parti pour un voyage dans le temps !**

## DU NOMADISME...

À l'origine, le territoire désertique des Émirats était habité par plusieurs **tribus de bédouins** autonomes et se déplaçant selon leurs besoins. Ces nomades passaient l'hiver sous une tente. En été, ils se réunissaient dans des villages constitués de *barasti*, constructions éphémères adaptées au climat aride, simplement bâties à partir de feuilles et de troncs de palmier. Ces modestes mais solides demeures étaient composées d'une petite pièce centrale, d'une chambre, d'une salle d'eau, d'une *majlis* et d'une tour à vent rudimentaire ; on préparait les repas à l'extérieur.

## ... À LA SÉDENTARITÉ

Progressivement, les tribus se sédentarisent et les principaux clans se partagent la région, construisant des maisons plus durables, avec des blocs de corail et de la chaux provenant de coquillages, mélangés avec de la boue. Afin d'éviter l'ouverture sur la rue et de protéger ainsi la pudeur des femmes, les murs donnant sur l'extérieur sont dépour-

### Dans le vieux Dubaï...

Rien de mieux qu'une balade le nez au vent pour découvrir les merveilles de l'ancienne cité. Vous trouverez un exemple de demeures d'influence perse à Al Fahidi District chez **XVA Gallery** (p. 26) et **Majlis Gallery** (p. 163). Ne manquez pas les *barasti* dans la cour du **Dubai Museum** (p. 27). Regardez les tours à vent du **Spice Souk** (p. 37) et près du **Gold Souk** (p. 38) ; puis rendez-vous au **musée du poète Al Oqaili** (p. 37) pour admirer un bijou d'architecture locale. Sur la *creek*, côté Bur Dubai, visitez la **Sheikh Saeed Al Maktoum House** (p. 30), impeccablement restaurée, qui relate la vie dans les souks pendant les années 1940.

vus de fenêtres. Cette architecture traditionnelle, de style arabique, reflète aussi le mode de vie de ces populations contraintes de s'adapter au climat. L'agencement des demeures a pour objectif de profiter de l'ombre et de l'aération procurée par le vent. C'est dans ce même souci de propager la fraîcheur apportée par l'ombre qu'on construit des ruelles étroites *(sikka)*. Dans les anciens **quartiers de Bur Dubai et Deira** (p. 24 et 36), vous pourrez voir deux types de maisons : une construction d'été avec une tour à vent (la *maysayf*), et pour l'hiver, une maison avec une cour intérieure (la *mashait*). Une architecture simple, efficace et respectueuse de l'environnement !

Al Bastakiya

## DES ESPACES DE VIE

En parallèle de leur sédentarisation, les populations se convertissent à l'islam, introduit par les Omeyyades en Arabie au VIIIe s., et commencent à développer le commerce autour de la *creek* (Khor Dubai). Les **mosquées** qu'on voit aujourd'hui sont le symbole de cette religion et le repère dans la vie quotidienne des peuplades sédentarisées. Elles sont composées d'un minaret, d'une tour et d'un *mihrab* (niche dans le mur indiquant la direction de La Mecque et qui permet l'amplification de la voix de l'imam). À côté du *mihrab* se tient le *minbar* (chaire à prêcher) qui rappelle le siège en bois de tamaris où prêchait le prophète Mohammed (Mahomet). Il y a aussi toujours un point d'eau à l'extérieur, réservé aux ablutions. Les **souks,** eux, ont traversé les siècles pour perdurer jusqu'à nos jours. Ils sont des vestiges de l'époque où Dubaï était un important port de commerce. Les **souks de Deira** (p. 32) ont été rénovés en respectant l'organisation primitive de cet espace : des ruelles étroites, des arcades, des toiles tendues pour abriter du soleil et une succession de petites échoppes.

## UN PATRIMOINE À PROTÉGER

Avec les nombreuses vagues d'immigration et l'ouverture des ÉAU au monde, l'érosion du patrimoine national et l'oubli des traditions et de la culture émiriennes menacent aujourd'hui. Pour y remédier, le gouvernement a porté ces dernières années une attention particulière à la conservation de l'architecture ancienne et tâche d'y sensibiliser sa population. Plusieurs projets ont permis d'assurer une certaine transmission de l'histoire émirienne, notamment auprès des jeunes générations.

# 3 DIFC ET ZABEEL

● Restos & bistrots p. 107 ● Bars, clubs & sorties p. 137 ● Boutiques p. 165

**DIFC, centre financier de la ville, est aussi un pôle dédié à l'art contemporain. Les plus observateurs pourront admirer des tours figurant un clavier de piano, des composants électroniques, un labyrinthe ou même le salut indien *namasté*. Plus au nord, le grand parc Zabeel accueille un nouvel édifice vertigineux : The Dubai Frame.**

## ❶ RAS AL KHOR WILDLIFE SANCTUARY★

C'est l'une des rares zones urbaines protégées dans le monde. Inaugurée en 2007, elle abrite plus de 450 espèces de la faune (dont 3 000 flamants roses) et 47 espèces de la flore. La réserve comprend aussi un écosystème constitué de mangroves, de lagunes et de

Sheikh Zayed Road

sebkhas. Des postes d'observation permettent d'admirer le tout.
**Emirates Road E44, sortie E66 Oud Metha Road • ☎ 800 900 • www.rasalkhorwildlife.ae • Sam.-jeu. 7h30-17h30, ven. 14h-17h30 (avr.-sept., sam-jeu 6h-18h, ven. 14h-18h) • Accès libre.**

## ❷ SHEIKH ZAYED ROAD*

Cet axe routier principal de 558 km relie les Émirats d'Abu Dhabi, Dubaï, Sharjah, Ajman et Ras el Khaïmah à la frontière omanaise. À Dubaï, cette autoroute tentaculaire (six voies dans chaque sens) dessert la plupart des quartiers côtiers et traverse une succession de gratte-ciel étourdissants le long de Downtown et de la Marina. Lorsque les lumières commencent à scintiller, prenez de la hauteur le long de cette route pour admirer les tours emblématiques de la ville, en empruntant le métro de Dubai Marina jusqu'à Emirates Towers.

## ❸ JUMEIRAH EMIRATES TOWERS*

La plus haute tour mesure 355 m et héberge des bureaux, la plus petite mesure 309 m et abrite un hôtel de luxe. Les deux tours sont reliées par une galerie commerciale sur deux étages, nommée Le Boulevard, qui présente la plupart des grandes marques internationales. Petite curiosité de conception, les tours ont le même nombre d'étages malgré leur différence de taille !
**312th Road, Sheikh Zayed Road • M° Emirates Towers • ☎ 04 330 0000 • www.jumeirah.com/en/hotels-resorts/dubai/jumeirah-emirates-towers**

## ❹ DUBAI INTERNATIONAL FINANCIAL CENTRE (DIFC)**

C'est le quartier financier par excellence, avec ses hommes d'affaires en costume-cravate et ses femmes apprêtées. Développé autour du **Gate Building,** une arche de 60 m abritant la Bourse de Dubaï, ce large complexe réunit des bureaux, des galeries d'art, des hôtels, de nombreux restaurants et un tout nouveau mall : **The Gate Avenue.** Il semble moins animé le soir, pourtant ne vous y fiez pas, c'est un lieu *caliente* pour sortir dîner et prendre un verre parmi les hipsters de la ville.

Entre Sheikh Zayed road et Al Sa'ada Street • M° Financial Centre • ☎ 04 362 2222 • www.difc.ae

## ❺ GALERIES DU DIFC★★

Les galeries du DIFC sont l'un des principaux lieux de rendez-vous des amateurs d'art. On y retrouve une dizaine de galeries prestigieuses telles que Sotheby's, Christie's ou encore **Empty Quarter,** fondée par une princesse saoudienne, exclusivement dédiée à la photographie. Deux fois par an, Art Nights @ Gate Village (voir p. 18) rassemble, le temps d'une soirée, amateurs et collectionneurs, afin de soutenir les arts et la culture à Dubaï.

Gate Village, entre Sheikh Zayed Road et Al Sa'ada Street • ☎ 04 362 2222 • www.difc.ae/lifestyle/discover

## ❻ WORLD TRADE CENTRE★

Lorsque Sheikh Rashid bin Saeed Al Maktoum rêvait de propulser Dubaï au cœur du commerce international, il misa sur un projet : le World Trade Centre. En 1979 le premier gratte-ciel de Dubaï fut érigé et inauguré par la reine Élisabeth II. Alors connu sous le nom de Sheikh Rashid Tower, le bâtiment était visible depuis des kilomètres et annonçait, aux visiteurs venus d'Abu Dhabi, la proximité de la ville alors concentrée vers la *creek*. Il s'est depuis développé en un grand complexe d'affaires. Regardez un billet de 100 Dhs, vous le reconnaîtrez facilement.

Sheikh Zayed Road, au croisement de 2nd Za'abeel Road • M° World Trade Centre.

### Pause carioca au Projeto Açaí

Chez Projeto Açaí (prononcer « assailli »), l'*açaí,* cette baie de la région d'Amazonie aux vertus antioxydantes, est vendu sous forme de pâte glacée, sur laquelle vous ajoutez au choix, fruits et graines bio. À noter les magnifiques peintures murales de l'artiste brésilienne Tarsila Schubert.

**● 17 • 87, Sheikh Zayed Road • M° Emirates Towers • ☎ 04 329 2224 • www.projetoacai.com • Dim.-jeu. 7h30-1h, ven. 8h-2h, sam. 7h30h-2h • Bol d'*açaí* : 32-44 Dhs.**

Empty Quarter

## ❼ DUBAI FRAME★★★

La nouvelle folie des grandeurs de l'émirat est une structure iconique haute de 150 m. Un châssis géant au design inspiré du nombre d'or encadre littéralement la ville. Au sommet, le *Sky Bridge* sert de symbole : cette passerelle relie l'héritage émirien, afin de concilier la sagesse des anciens à la douce folie des plus jeunes. De celle-ci, on découvre vers le nord les quartiers historiques ; au sud, Downtown et l'ambition du développement futur. Effet théâtral garanti, une partie du sol, pavé de verre, provoque une poussée d'adrénaline irrésistible. Acrophobes s'abstenir.

**Zabeel Park, Gate 4, Sheikh Rashid Road • M° Al Jafiliya • ☎ 800 900 • www.dubaiframe.ae • T.l.j. 8h-19h • Entrée : 50 Dhs.**

## ❽ DUBAI GARDEN GLOW★★

Bienvenu au règne des lumières, où les créateurs de ce parc n'ont de limite que leur imagination. C'est kitsch et ça scintille de bout en bout avec des airs de féerie surréaliste. Les enfants adorent le Dinosaur Park, le safari ou les personnages naïfs et les fleurs incandescentes de ce royaume enchanté. À savoir, le prix du ticket d'entrée flambe avec l'accès au petit parc de sculpture sur glace.

**Zabeel Park, Gate 6 & 7 Area B • ☎ 05 5918 8126 • www.dubaigardenglow.com • Sam.-jeu. 16h-23h, ven. 16h-minuit • Entrée : Dinosaur Park + Glow Garden + Art Park : 65 Dhs ; supplément de 45 Dhs pour l'accès à Ice Park.**

## ❾ JAMEEL ARTS CENTRE★★

En novembre 2018, Art Jameel, une organisation indépendante dévouée au support des arts, a inauguré le Jameel Arts Centre. Une destination culturelle innovante, dont la vision est de développer un soutien à l'éducation, à l'héritage régional et aux artistes contemporains d'Asie et du Moyen-Orient. La sélection est pointue et l'ambition du projet perceptible dès les premiers pas. L'architecture du bâtiment réalisé par le cabinet Series Achitects souligne habilement des œuvres sculpturales ou minimalistes installées dedans et dehors.

**Jaddaf waterfront près du Palazzo Versace Dubai • M° Al Jadaf • ☎ 04 8739 800 • https://jameelartscentre.org • Entrée libre • Sam.-jeu. 10h-20h, ven. 12h-22h.**

# 4 Downtown Dubai ET LE BURJ KHALIFA

● Restos & bistrots p. 111 ● Bars, clubs & sorties p. 142 ● Boutiques p. 166

**Emblème incontournable de la ville, l'immense tour du Burj Khalifa anime le tout-Downtown, de jour comme de nuit. Ici, les Dubaïotes prennent le temps de vivre : promenades, terrasses et restaurants animés sont toujours plus nombreux. Sans oublier le plus grand mall du monde, pour assouvir ses envies irrépressibles de shopping.**

## ❶ BURJ KHALIFA★★★

Visitez le plus haut bâtiment du monde, magnifique monument fait de verre et d'aluminium. Depuis 2010, ce chef-d'œuvre urbain à la silhouette élancée est la fierté de Dubaï, mais aussi l'emblème des Émirats arabes unis. Unique avec sa structure modulaire en forme de Y, vue de la base ou du ciel, il est évocateur des dômes répandus dans l'architecture islamique. À faire de préférence au coucher du soleil.

## Des chiffres démesurés

Située au cœur de Dubaï, cette immense tour, haute de 828 m, compte 160 étages. Elle fait partie d'un complexe urbanistique de 2 km² - Downtown Dubai -, appartenant à Emaar Properties et qui ne comprend rien de moins que 30 000 logements, ainsi que le Dubai Mall et un lac artificiel de 12 ha ! À l'origine, le Burj Khalifa fut baptisé Burj Dubai. Il changea de nom lors de son inauguration, en l'honneur du souverain d'Abu Dhabi, le Sheikh Khalifa bin Zayed Al Nahyan, qui finança la fin des travaux alors que Dubaï était frappé par la crise en 2009.

## Une conception spectaculaire

Selon les rumeurs, le design en « Y » de la tour devait représenter la fleur d'*Hymenocallis genus* (ou lys araignée)... Or, d'après, Bill Baker, ingénieur en chef du projet, la conception du bâtiment intègre des éléments culturels et historiques propres à la religion musulmane, comme le minaret en spirale qui s'affine en s'élevant vers les cieux. Devenu un lieu d'événements majeurs, le Burj Khalifa est la tour de toutes les prouesses architecturales et techniques. Pour tenir debout, il s'appuie sur un noyau hexagonal renforcé par trois contreforts formant le « Y », depuis lesquels il peut ensuite s'élever en s'affinant. L'avantage de ce type d'architecture est qu'il n'y a pas de prise au vent. Grâce à sa structure primaire en béton armé, la tour est conçue pour résister aux secousses sismiques.

## Rendez-vous *at the top* !

En novembre 2013, le prince héritier Hamdan bin Mohammed bin Rashid Al Maktoum salue la victoire de Dubaï dans la course à l'organisation de l'exposition universelle de 2020, en faisant battre son drapeau en haut de l'antenne à 829,8 m !
Le grand classique pour visiter : Observation Decks, avec deux formules au choix, At the Top (124-125ᵉ étage) et At the Top Sky

Downtown et le Burj Khalifa

(148e puis 124-125e étage). L'ascension est spectaculaire (10 m/s) et la vue époustouflante. La nuit c'est tout simplement magique ! Envie de découvrir les cieux autrement ? Allez prendre un thé ou un cocktail à **The Lounge** (à partir de 600 Dhs/pers.), faites un BBQ et un plongeon dans la piscine du **Burj Club** (à partir de 195 Dhs/pers.), ou offrez-vous une nuit luxueuse à The Armani Hotel (☎ 04888 3888 ; www.armanihoteldubai.com ; à partir de 1 700 Dhs/pers. la nuit).

**1, Mohammed Bin Rashid Boulevard • www.burjkhalifa.ae • ☎ 800 2884 3867 • T.l.j. 8h-23h30 • At the Top (accès par Dubai Mall) : à partir de 141 Dhs ; At the Top Sky : à partir de 370 Dhs ; résa en ligne à prix réduits.**

## ❷ DUBAI MALL***

Le Dubai Mall n'est pas seulement un temple de la consommation ; c'est une institution culturelle et sociale aux Émirats. Plébiscité par les visiteurs (qui peuvent y rester plus de 4 heures sans voir le temps passer !), il détient le titre du centre de shopping et de loisirs le plus visité de la planète. Cinéma, aquarium, patinoire, plus de 1 200 boutiques, 200 restaurants et de multiples animations en font un lieu à part. Vous n'avez jamais rien vu de tel ! À éviter les soirs de week-end si vous n'aimez pas la foule.

### Un espace de vie

Certes, les malls sont représentatifs de cette vaste, et parfois impressionnante, société de consommation émirienne. Cependant, dans un pays où il faut composer avec les caprices du climat désertique, c'est le lieu de sociabilisation par excellence : espace de rencontres, d'échanges, de sorties mondaines ou décontractées et d'animations. Vous pouvez y voir des spectacles et pratiquer des activités, de jour comme de nuit. Parmi tous les malls qui poussent chaque année, Dubai Mall reste le chouchou du grand public. Véritable ville dans la ville, ici tout se fait à pied.

### Paradis du shopping

Depuis son inauguration en 2008, le Dubai Mall bat tous les records de fréquentation. Il est l'un des filons économiques de la ville avec une surface commerciale de plus de 800 000 m² et des loisirs répartis autour de différents secteurs, comme la **Fashion Avenue,** le **Gold Souk** ou **The Village.** C'est aussi un aimant à touristes qui ne cesse de s'agrandir au fil des ans. Une nouvelle aile est actuellement en construction de l'autre côté de Financial Centre Road, le **Dubai Mall Zabeel.** Un pont le reliera à l'existant pour toujours plus de shopping et une empreinte encore plus démesurée.

### Des activités pour tous...

Le **Dubai Aquarium** est un bassin de 10 millions de litres réunissant plus de 33 000 animaux marins,

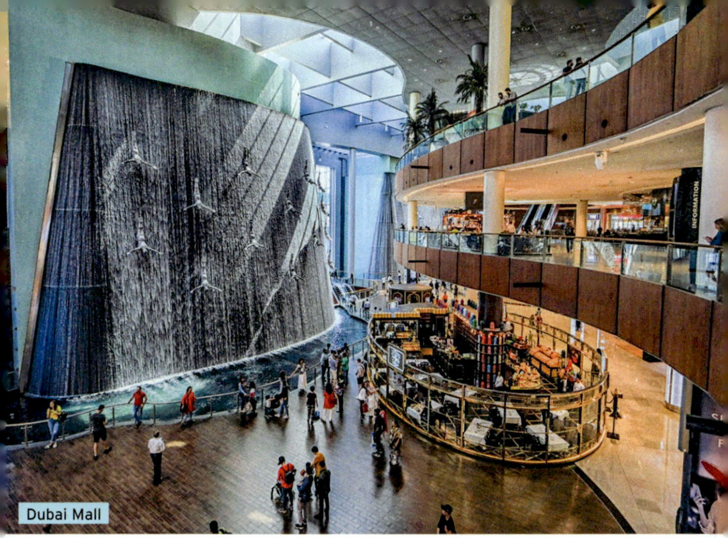
Dubai Mall

dont des raies, des requins et 140 espèces de poissons. Sa vitre, gigantesque, mesure 32 m de long et 8 m de haut. Pour mieux vous approcher, empruntez le tunnel sous-marin, embarquez dans un bateau à fond transparent ou même, plongez dans le grand bleu ! Poursuivez la visite à l'**Underwater Zoo,** une forêt tropicale regroupant plusieurs écosystèmes marins, avec méduses, pingouins et depuis peu un crocodile australien de 40 ans mesurant 5 m de long ! À **Dubai Ice Rink,** testez votre équilibre sur une patinoire olympique et à **The Emirates A380 Experience,** devenez pilote du jumbo dans un simulateur de vol !

## ... et surtout pour les jeunes

Les enfants et les ados sont rois au pays du pétrole, en voici la preuve : **Kidzania** est une ville réduite à l'échelle des enfants, où vos bambins peuvent s'essayer à différents métiers. **VR Park** propose une immersion dans la réalité virtuelle et **Hysteria** une expérience hantée comme dans un film d'épouvante. Pour les passionnés d'archéologie, **Dubai Dino** vous transportera à l'ère du Jurassique (entrée libre). Sans oublier les nombreux cinémas, 3D, 4D ou en plein air.

Financial Centre Road • ☎ 8003 8224 6255 • www.thedubaimall.com • T.l.j. 10h-minuit.
**Dubai Aquarium et Underwater Zoo :** https://thedubaiaquarium.com • Entrée : à partir de 130 Dhs.
**Ice Rink :** https://dubaiicerink.com • À partir de 75 Dhs.
**Emirates A380 Experience :** http://emiratesa380experience.com • Entrée : à partir de 160 Dhs.

**KidZania : https://dubai.kidzania.com • Entrée adulte : 75 Dhs ; enfant 3-16 ans : 105-250 Dhs.**
**VR Park : www.vrparkdubai.com • Entrée : à partir de 90 Dhs.**
**Hysteria : http://hysteria.ae • Entrée : 100 Dhs.**

## ❸ SOUK AL BAHAR**

Le Souk Al Bahar ou « marché du marin » est un mélange de tradition et de commodité en plein centre-ville. Retrouvez l'architecture typique d'un souk arabe, façon contemporaine. Les nombreux restaurants, cafés et boutiques sont situés principalement le long de la vaste promenade qui surplombe les fontaines de Dubaï. Idéal pour dîner en terrasse ou prendre un verre.
**Sheikh Mohammed Bin Rashid Boulevard • ☎ 04 362 7011 • www.soukalbahar.ae • Boutiques : t.l.j. 10h-22h ; restaurants : horaires variables.**

## ❹ DUBAI FOUNTAIN***

Assister au spectacle des fontaines sera parmi les souvenirs les plus inoubliables de votre séjour. De multiples jets d'eau s'élancent au-dessus du lac artificiel du Burj Khalifa. Une chorégraphie enchanteresse sur de la musique classique, arabe et contemporaine. C'est en soirée, lorsque les lumières dansent avec les envolées d'eau, que le spectacle et l'ambiance sont les plus fabuleux. Pour compléter la féerie, la reine des tours se colore parfois d'images vibrantes grâce à une technologie LED unique en son genre. 72 km de câbles et 10 000 connecteurs sont nécessaires pour couvrir les 33 000 m² de surface animée. Options de visite : pour vous rapprocher du ballet sur le lac, voguez à bord d'un *abra* ou marchez sur une plateforme flottante.
**Doha Street, Dubai Mall (au pied du Burj Khalifa, côté lac ; accès par le Dubai Mall ou le Souk Al Bahar) • www.burjkhalifa.ae/en/downtown-dubai/the-dubai-fountain • Spectacle t.l.j. 18h-23h, toutes les 30 min en accès libre ; de jour, sam.-jeu. 13h, 13h30 et 14h, ven. 13h30, 14h et 14h30**

### Pause mamma mia : Eataly

Originaire de Turin, l'enseigne s'est installée à Dubai Mall en 2013. Une adresse de connaisseurs et un must absolu. Autour de l'épicerie de luxe et du restaurant, des comptoirs de dégustation se succèdent avec, à chaque fois, des surprises délicieuses. La mozzarella Barone se fabrique sous vos yeux (14,60 Dhs les 100 g) et le pain *rustic* à la tomate (10 Dhs), à tester au bar à huiles d'olive millésimées, est divin !

**● 26 • Dubai Mall, lower ground floor • ☎ 043308899 • www.eatalyarabia.com • Dim.-mer. 9h-23h30, jeu.-sam 9h-minuit.**

• The Fountain Lake Ride : 20 Dhs/pers. (à partir de 4 ans) ; The Fountain Boardwalk : 68,25 Dhs/pers. (à partir de 3 ans).

## ❺ SHEIKH MOHAMMED BIN RASHID BOULEVARD*

Cette avenue circulaire ceinturant Dubai Mall et Burj Khalifa est une adresse en vogue. De nombreux restaurants et hôtels y ont ouvert et ses larges trottoirs permettent de déambuler agréablement. Elle donne aussi accès à **Burj Park,** une promenade située sur une île le long du lac de Burj Khalifa. Ne vous attendez pas à un jardin arboré, c'est essentiellement une grande pelouse parfois utilisée pour des animations et des concerts. Très bon spot pour admirer la vue sur Downtown, vous pouvez ensuite rejoindre Dubai Fountain par une autre entrée.

## ❻ DUBAI DESIGN DISTRICT - D3**

Véritable lieu de rencontre et d'expression, c'est le quartier urbain de Dubaï qui monte. Innovant, avant-gardiste et futuriste, D3 est un laboratoire vivant à la pointe des tendances, un *hub* de créatifs faisant la part belle à la mode et au design. Ateliers design, boutiques pour *hipsters* élégants et restaurants à la déco renversante, tout est minutieusement pensé pour coller à l'esthétique ambiante. Les architectes, les joailliers de luxe et les grandes maisons de couture ont pris leurs quartiers ici depuis l'ouverture et des stylistes émergents, fusionnant les cultures, en ont fait leur fief, comme Zaid Farouki, le nom montant des ÉAU, ou encore Michael Cinco et Amato Couture qui habillent déjà toutes les stars hollywoodiennes. En novembre, l'événement **Dubai Design Weeks** (voir p. 19) est désormais une référence, une semaine d'expositions et de festivités pour réunir tous les acteurs du secteur.

Entre Al Khail Road et Ras Al Khor Road • M° Burj Khalifa / Dubai Mall, puis prendre le bus D3 à la sortie du métro • ☎ 04 04 433 3000 • www.dubaidesigndistrict.com • T.l.j 7h-2h ; horaires variables selon les boutiques et restaurants.

Dubai Design District - D3

# 5 Jumeirah ET SATWA

● Restos & bistrots p. 114 ● Bars, clubs & sorties p. 144 ● Boutiques p. 167

**Jumeirah est l'un des premiers quartiers chics habités par les Émiriens à s'être développé. Les expatriés l'apprécient aussi... Il y fait bon vivre, à proximité du littoral et de Downtown. Ses habitantes, surnommées les Jumeirah Jane, aiment se rendre à Satwa, l'enclave populaire et multiculturelle du voisinage, où l'on trouve de tout dans une ambiance qui rappelle celle des souks.**

## 1 LA MER★★

Une plage aménagée aux airs californiens qui déroule son ruban de sable blond le long d'une promenade de planches, c'est le nouveau lieu de loisirs en vogue. Le site s'étend sur 2,5 km, divisé

en deux sections, North et South avec plus de 130 cafés, restaurants et boutiques. Bronzer, manger ou faire du shopping, tout est à portée de main, y compris un parc aquatique et des cinémas.
**2 A Street • Bus 9 et 88 • ☎ 800 637 227 • www.lamerdubai.ae • T.l.j. 10h-minuit.**

## ❷ JUMEIRAH OPEN BEACH*

Plus discrète, surnommée Chicago Beach dans les année 1960, puis Russian Beach, la plage surveillée est un peu hors du temps et offre un contraste saisissant au sud de La Mer. C'est un beau coin de baignade prisé de toutes les communautés, surtout le week-end. Elle fait la joie des familles et des sportifs avec son long parcours dédié aux joggeurs et aux cyclistes.
**Entre la 61 A Street et le Four Seasons Jumeirah, Al Mouje Street • Accès libre.**

## ❸ JUMEIRAH MOSQUE**

Construite en 1978 sous l'égide du Sheikh Rashid bin Saeed Al Maktoum, elle fait partie des quelques mosquées des ÉAU accessibles aux non-musulmans, notamment pour les groupes. Elle se distingue par son architecture particulière, basée sur le style anatolien avec un large et très beau dôme central. Lors de votre visite, un guide saura répondre à toutes vos questions sur cet édifice et son histoire.
**À l'intersection de Jumeirah Road et 17 B Street, Jumeirah 1 • ☎ 04 353 6666 • www.jumeirahmosque.ae • T.l.j. sauf ven. 10h-14h ; enregistrement 30 min avant • Entrée : 25 Dhs avec collation • Tenue adaptée requise, prêt de vêtements.**

## ❹ SATWA*

Il existe un lieu haut en couleur nichée entre les belles plages de Jumeirah 1 et le cœur animé du centre-ville. En sortant de la grande mosquée, remontez Al Hudaiba Road jusqu'à Satwa pour plonger dans un quartier dépaysant, à la croisée des cultures. Il faut prendre son temps et ne pas hésiter à entrer dans les nombreuses échoppes accueillantes. Vous repartirez assurément avec un souvenir à prix mini : encens, épices, tissu,

La Mer

timbales pour boire le thé... Bouillonnant les soirs de week-end !
**M° World Trade Centre • Nombreux magasins fermés 14h-16h et ven. matin.**

## ❺ ETIHAD MUSEUM**

Chronique d'une histoire contemporaine, celle des ÉAU, sur le lieu même de la signature de la Constitution en 1971. Les architectes Moriyama et Teshima ont crée un espace moderne et interactif pour magnifier la mémoire de cet État à l'évolution éclatante, éperonné par la découverte de l'or noir dans les années 1950 et le retrait des Britanniques en 1968. Tout en symboles, le toit parabolique évoque la feuille du traité de l'Union (*etihad* en arabe) et les sept colonnes du hall d'entrée, les sept stylos qui l'ont signé.
**Jumeirah Beach Road (au croisement de la 2nd Street of December), Jumeirah 1 • ☎ 04 515 5771 • https://etihadmuseum.dubaiculture.gov.ae • Dim.-jeu. 10h-20h • Entrée : 25 Dhs.**

## ❻ CITY WALK**

Quartier-village en grande partie piétonnier, City Walk ressemble à s'y méprendre aux rues londoniennes. À la fois centre commercial et lieu de divertissement, c'est aussi un secteur résidentiel de luxe en plein développement. Les restaurants et les boutiques y poussent en grappe avec toujours un sens aigu de l'esthétique. Overdose de shopping ? Allez-y le soir pour admirer les grandes fresques murales, la vue sur la *skyline* et boire un verre dans une ambiance électrique.
**Al Safa Street, Jumeirah 1 • M° Burj Khalifa / Dubai Mall • ☎ 04 317 3999 • www.citywalk.ae • Dim.-mer. 10h-22h, jeu.-ven. 10h-minuit.**

## ❼ THE GREEN PLANET***

Saviez-vous que les piranhas aboient et que les paresseux

### Pause pakistanaise au Ravi Restaurant

Restaurant pakistanais par excellence, cette adresse que tout le monde s'échange avec ferveur propose des plats végétariens (un délice : le *palak paneer*), des viandes et des poissons. Le restaurant est doté d'une petite terrasse en extérieur et d'une grande salle climatisée. On aperçoit les cuisines où sont préparés les *naans* et le *byriani*, et le cuistot se prête volontiers au jeu des photos. L'endroit ne paie pas de mine mais cela ne fait qu'accentuer son charme authentique !

**● 28 • Au début de Al Dhiyafa Road, magasin 245 ; près de Emirates Co-operative Society • ☎ 04 331 5353 • T.l.j. 5h-2h, sauf ven. 15h-2h • *Chicken biryani* : 14 Dhs ; *daals* : à partir de 6 Dhs.**

The Green Planet

dorment 15 h/24 ? The Green Planet, véritable musée vivant, propose une expédition éducative et récréative dans un biodôme gigantesque abritant une forêt tropicale reconstituée. Hymne à la biodiversité, la visite débute au sommet d'un arbre artificiel et durable, avec plus de 3 000 plantes et espèces animales à découvrir. Des biologistes et une équipe de passionnés vous sensibilisent à la richesse de notre écosystème et à la protection de son fragile équilibre. Ils donnent aussi refuge à des animaux victimes du trafic illégal d'espèces sauvages dans la région, tel un loris (proche du lémurien) trouvé abandonné dans une rue de Dubaï.

**Entre Al Mustaqbal Street et 20th Street • M° Burj Khalifa / Dubai Mall • ☎ 04 317 3999 • www.thegreenplanetdubai.com • Dim.-mer. 10h-19h, jeu.-sam. 10h-20h.**

## 8 DUBAI CANAL★★

Trois ans, plus de 4 600 ouvriers et 2,7 milliards de dirhams, voici quelques chiffres illustrant brièvement ce chantier pharaonique, une voie navigable reliant désormais l'ancienne *creek*. Autour, un ambitieux projet de développement urbain est actuellement en construction. Le soir, la vue est magnifique et la promenade pédestre ou maritime très agréable. Trois ponts, inspirés d'une tente de nomade, du tissu social diversifié de Dubaï et d'un kaléidoscope futuriste, interconnectent les quartiers mais aussi le style bédouin au monde moderne.

**Accès le long de Safa Park ou 55th Street • www.dubai-ferry.com ou www.dubai-abra.com/dubai-abra-routes/dubai-water-canal/ • Promenade en ferry ou en *abra* à partir de 25 Dhs.**

# L'islam *made in* Dubaï

**Les tribus établies sur le territoire d'Arabie ont été converties à l'islam par les Omeyyades au VIIIe s. Depuis cette époque et jusqu'à nos jours, 95 % des Émiriens pratiquent assidûment leur religion ; parallèlement, les étrangers, parfois de confessions différentes, représentent plus de 80 % de la population du pays. Les différentes cultures cohabitent dans une bonne harmonie et le pays a trouvé un certain équilibre entre le respect des traditions musulmanes et celui de la liberté de chacun.**

## L'ISLAM, RELIGION D'ÉTAT

Les musulmans doivent respecter le Coran et les **cinq piliers de l'islam :** *shahada* ou profession de foi de l'islam, *salat* ou prière quotidienne, *sawm* ou jeûne, *zakat* ou aumône, et *hajj* ou pèlerinage à La Mecque. Un musulman doit faire preuve de générosité et fait souvent des dons à des œuvres caritatives religieuses, aux mosquées et aux imams. Les fêtes religieuses doivent être honorées par toute la population, y compris par les non-musulmans qui ne peuvent pas travailler ces jours-là. Sachez aussi que les ÉAU sont l'un des pays musulmans à appliquer la **charia** (loi canonique qui s'inspire des écrits du prophète Mahomet) ; celle-ci régit la vie religieuse, sociale, politique et individuelle dans l'ensemble du pays. Le gouvernement encourage d'ailleurs la conversion, en proposant par exemple des remises de peine aux prisonniers acceptant de se convertir. Si ces pratiques peuvent sembler exigeantes, le gouvernement n'en applique pas moins une politique d'ouverture aux personnes ayant d'autres convictions et une certaine liberté d'expression.

### Prose religieuse

La **poésie** émirienne s'inscrit dans une longue tradition de communication orale, en grande partie favorisée par la transmission du Coran. Plus qu'un art, la poésie dans le monde arabe est considérée comme un don de Dieu. Les plus doués des poètes sont même présentés comme des messagers de Dieu, d'où leur renommée. Parmi les grands poètes de l'histoire des Émirats arabes unis, citons Ahmed Ibn Majid (1432 env.- 1500 env.), Mubarak Al Oqaili (1880-1954 ; voir p. 37), Salem bin Ali al Owais (1887-1959), Ahmed bin Sulayem (1905-1976), Khalfan Musabah (1923-1946), Sheikh Saqr Al Qasimi (1925-1993) et Sultan bin Ali al Owais (1925-2000).

## ET LES AUTRES RELIGIONS ?

Sheikh Zayed Grand Mosque

La Constitution des Émirats prévoit la liberté de religion pour tous dès leur création en 1971, tout en rappelant que les coutumes locales doivent être respectées. Les non-musulmans sont libres de s'exprimer (sans prosélytisme) et de célébrer les fêtes de leur calendrier. Certes, vous apercevrez surtout des mosquées mais d'autres confessions bénéficient, elles aussi, d'un lieu de culte : Hindu Temple pour les **hindouistes,** l'église Saint Mary's (ou Saint Joseph à Abu Dhabi) pour les **catholiques** ou Holy Trinity Church pour les **protestants.** Le gouvernement des ÉAU a déclaré 2019 année de la tolérance. La récente visite du pape François marque la volonté des autorités d'aller vers l'ouverture et signe ainsi la reconnaissance des diversités religieuses vivant aux Émirats. À la suite de cet événement, Abu Dhabi a annoncé l'inauguration du Abrahamic Family House, un lieu reconnaissant les points communs entre l'islam, le christianisme et le judaïsme. Une bonne nouvelle pour la **communauté juive** résidant aux Émirats et un acte symbolique fort dans ce Moyen-Orient aux relations religieuses parfois tendues. Les voyageurs de confession juive de passage à Dubai peuvent aussi depuis peu manger casher (voir p. 130).

## LA PLACE DE LA FEMME

Contrairement à certaines idées reçues, la femme règne en maîtresse dans sa maison. Elle est l'autorité de la famille et doit être respectée par ses enfants, les invités éventuels... La femme s'installe chez son mari après son mariage pour vivre avec toute la famille de celui-ci. Toutefois, de plus en plus de jeunes couples préfèrent l'intimité de leur propre logement. Si un homme a plusieurs épouses, il peut arriver que ces dernières cohabitent. Mais attention, n'imaginez pas que la **polygamie** soit très répandue : un Émirien qui n'a pas les moyens de subvenir correctement aux besoins de sa famille ne peut pas prendre une seconde épouse.

# 6 Jumeirah, Umm Suqeim ET LE BURJ AL-ARAB

● Restos & bistrots p. 120 ● Bars, clubs & sorties p. 148 ● Boutiques p. 172

**C'est l'un des quartiers résidentiels les plus anciens et les plus appréciés de la ville. Il s'étend de Dubai Canal jusqu'au sud du célèbre Souk Madinat. La Jumeirah Beach Road est l'axe principal qui l'anime. Ici, pas de gigantesques gratte-ciel mais de magnifiques villas à proximité de la mer. Lieu de villégiature par excellence, ses plages publiques à l'eau turquoise sont paradisiaques, surplombées par l'hôtel de la démesure, le Burj al-Arab.**

## ❶ SAFA PARK*

Ce parc longtemps comparé à Central Park, offrant un panorama unique sur les tours de Downtown, a perdu deux tiers de sa surface d'origine pour permettre l'excavation de Dubai Canal. Toujours présent et fièrement entretenu, il reste le jardin préféré de nombreux résidents pour pique-niquer et faire du sport le week-end. La piste de jogging a rouvert et il se refait une beauté parallèlement à l'avancée des travaux d'aménagement le long du canal.

Al Hadiqua Street / Al Wasl Road ; entrée principale sur Al Wasl Road, Jumeirah 2 • ☎ 04 349 2111 et 971 800 900 • https://www.dm.gov.ae/en/Discover/PublicParks/Pages/Safa-Park.aspx • Jeu.-sam. 8h-23h, dim.-mer. 8h-22h • Entrée : 3 Dhs.

## ❷ JUMEIRAH ET UMM SUQEIM BEACHES**

De Dubai Canal jusqu'à Al Sufouh, au sud de Madinat Jumeirah, vous trouverez un large choix de grandes plages publiques. Sur Beach Road, toutes les rues ou presque mènent

Jumeirah Beach Road

## Pause burger chez Salt

Si vous voulez déguster l'un des meilleurs burgers de la ville à la terrasse du *food truck* le plus cool qui soit, vous êtes au bon endroit ! Un burger et des frites face à la mer : la simplicité existe aussi à Dubaï.

**● 48 • Kite Beach, Umm Suqeim 1 • www.find-salt.com • T.l.j. 9h-minuit • Burger : 35 Dhs.**

au littoral, séparées ici et là par des petits ports de plaisance. La plupart sont équipées d'infrastructures sportives, de pistes de jogging et comptent de nombreux restaurants.

### Kite Beach

C'est la plage la plus populaire et l'une des plus fréquentées. Elle doit son nom aux kitesurfeurs qui s'amusent tous les jours avec le vent et les vagues. Allez-y pour son ambiance sportive et bon enfant, ses terrains de volley et de foot, et ses châteaux gonflables savonneux. Laissez-vous aussi tenter par les paddles, les canoës et les surfs en location.

### Umm Suqeim Beach

Aussi appelée **Burj al-Arab Beach ou Sunset Beach,** cette plage est très prisée des touristes, car c'est la plage publique la plus proche de l'hôtel emblématique. Située juste au nord de celui-ci, la vue est inégalable au coucher de soleil. C'est aussi une des seules plages où la baignade est autorisée le soir, jusqu'à minuit.

### Nessnass Beach

Elle est située juste derrière Sunset Mall. Pour cette raison, certains l'appellent aussi **Sunset Beach,** ce qui crée parfois des confusions avec Umm Suqeim Beach. Elle est plus sauvage et authentique que Kite Beach, même si récemment des travaux semblent annoncer de nouveaux aménagements. Elle est aussi très courue des kitesurfeurs.

### Black Palace Beach

Il est facile de passer devant cette plage à l'écart de la foule sans en trouver l'entrée. Aussi connue comme **Al Sufouh Beach,** on y accède par une piste de sable, située juste après un grand palace au sud de Madinat Jumeirah et avant la Palm Jumeirah. Ici pas de toiles d'ombrage, pas de douches, pas de *food trucks* ou d'ambiance californienne, mais une magnifique simplicité !

**Kite Beach :** Jumeirah Road, Umm Suqeim 1 ; en face de Al Manara Road • Accès libre.
**Umm Suqeim Beach :** Al Thanya Street, Umm Suqeim 3 • Accès libre.
**Nessnass Beach :** Al Nessnass Street, Jumeirah 3 ; derrière Sunset Mall • Accès libre.
**Black Palace Beach :** King Salman Bin Abdulaziz Al Saud Street, Al Sufouh ; juste après l'arrêt de bus Dubai College 1 • Accès libre.

## ❸ AL FAROOQ OMAR BIN AL KHATTAB MOSQUE ET CULTURAL CENTRE★★

Cette mosquée, peu touristique, est pourtant l'une des plus grandes des ÉAU avec un total de vingt-et-un dômes et quatre minarets hauts de 65 m. À l'entrée, une pancarte vous invite à entrer librement et vous révèle l'histoire de sa construction. Son nom rend hommage à l'un des compagnons du prophète Mohamed, reconnu pour son sens de l'équité. Son architecture largement inspirée de la mosquée Bleue à Istanbul est une réussite, et l'accueil est admirable.

**6 D Street, Al Safa 1 • ☎ 04 394 4448 • https://alfarooqcentre.com • Dim.-jeu. 10h-11h et 16h15-18h • Entrée libre • Prêt de vêtements • Résa conseillée pour les groupes (avec un guide culturel, 45-60 min).**

Al Farooq Omar Bin Al Khattab Mosque

## ❹ BURJ AL-ARAB★★★

Le Burj al-Arab n'est à l'origine qu'un « simple » hôtel de luxe. Longtemps resté l'emblème de la ville, il garde encore aujourd'hui toute sa splendeur et fait la fierté des Dubaïotes. Tournée vers le monde, cette tour permet de saisir en un regard toute l'exubérance de Dubaï. Véritable symbole de réussite et de rayonnement du monde arabe, le Burj al-Arab se démarque et rivalise avec son « grand frère » le Burj Khalifa. Destiné à une clientèle très fortunée, cet hôtel offre un confort à la juste démesure de son luxe théâtral. Il abrite 202 suites, toutes en duplex et surplombant la mer.

### Entre extravagance, raffinement et kitsch

Avec son design futuriste, le Burj al-Arab a fait la une de la presse lors de son inauguration en 1999. L'architecte Tom Wright a imaginé un building jaillissant de l'eau, en lui donnant une forme de toile de boutre *(dhow)*. Pour rendre l'illusion encore plus réaliste, il l'a érigé sur une île artificielle, reliée à une plage de sable blanc, 280 m en retrait de la côte. En 2016, une terrasse de 3 000 m² a été rajoutée à l'ouest de la superstructure. Fabriquée en Finlande, elle a été rapportée en huit morceaux par la mer pour accueillir deux piscines, un restaurant et trente-deux cabanes privées. Mesurant 321 m, le Burj al-Arab surprend par son luxe pompeux et son modernisme. Détail étonnant : ses armatures forment une croix chrétienne, uniquement visible par la mer. L'histoire ne dit pas s'il s'agit d'un hasard de conception...

## Un véritable chef-d'œuvre

Élu établissement le plus luxueux de la planète à maintes reprises, c'est l'un des rares hôtels 7-étoiles au monde (avec l'Emirates Palace à Abu Dhabi). Afin de protéger la façade de la chaleur et des vents de sable, celle-ci a été construite en Téflon et fibre de verre. De jour, la voile est blanche, la nuit elle se pare d'un spectre de couleurs. L'orientation du Burj al-Arab a été calculée avec minutie pour éviter que la plage privée ne soit recouverte par son ombre. Quelques chiffres étourdissants : 1 600 m² de feuilles d'or, 24 000 m² de marbre *statuario*, 10 millions de carreaux de mosaïque...

## Comment le visiter ?

Repaire de têtes couronnées et autres célébrités, il n'est pas donné à tout le monde de passer les portes de cet imposant bâtiment. Pour cela, il vous faudra obligatoirement réserver votre entrée. Soit en vous offrant un accès d'une journée ou une séance de soins dans le sublime spa Talise perché à 150 m au-dessus du golfe Persique. Soit en décidant d'aller prendre un thé ou encore de faire l'expérience d'une expédition culinaire (midi jusqu'au soir). Mais ici rien n'est bon marché...

**Jumeirah Beach Road, Umm Suqeim 3 • ☎ 04 301 7777 • www.burjalarab.com • T.l.j. 24h/24 • *Afternoon Tea :* à partir de 550 Dhs • Résa obligatoire.**

## ❺ MADINAT JUMEIRAH★★★

L'une des attractions favorites des visiteurs et des Dubaïotes. Promenez-vous dans les ruelles de cet immense (40 ha) et luxueux complexe hôtelier et commercial qui restitue le climat d'une antique cité orientale. Voguez en *abra*

Madinat Jumeirah

sur un labyrinthe de canaux aux eaux cristallines ou offrez-vous une baignade sur la plus longue plage privée de Dubaï avec vue imprenable sur le Burj al-Arab.

## Une illusion presque parfaite

Certes Madinat Jumeirah n'est qu'une reconstitution artificielle, mais la réplique est réussie et la balade agréable. Avec la couleur sable des murs de gypse et les tours à vent reconstituées, vous vous évaderez facilement dans cet univers arabisant. À l'intérieur, c'est un dédale d'allées, où boutiques et échoppes artisanales ambulantes se succèdent. Elles rappellent les méandres d'un souk traditionnel dans une casbah animée.

## Un lieu de distractions

Le Madinat Jumeirah foisonne d'animations distrayantes : 3 km de canaux et de jardins desservent plus de 50 bars et restaurants, un souk, un théâtre (voir p. 149), ou encore un amphithéâtre pour des manifestations pendant la haute saison. Vous apprécierez l'atmosphère du soir, lorsque les terrasses s'éveillent et les lumières scintillent et se reflètent dans les eaux turquoise.

## Promenade sur les flots

C'est grâce aux canaux à la vénitienne que le Madinat Jumeirah rencontre un tel succès. Ces bassins entourent les terrasses du souk Madinat et les jardins du groupe hôtelier. Ils accueillent même des tortues en convalescence du côté de l'hôtel Mina A'Salam, blessées et recueillies sur les plages ou au large de la mer du Golfe. Si les clients des hôtels ou des restaurants de l'enseigne Jumeirah peuvent emprunter gracieusement les *abras* électriques qui y naviguent, un tour de 20 min est aussi proposé pour les visiteurs du souk (82 Dhs).

**King Salman Bin Abdulaziz Al Saud Street, Al Sufouh • ☎ 04 366 8888 • www.jumeirah.com • Magasins 10h-23h, restaurants 8h-2h • Accès libre.**

## Pause ottomane chez Kaftan

C'est l'une des meilleures tables pour découvrir la cuisine turque et ottomane. Entre plats traditionnels et cuisine fusion, le propriétaire, originaire d'Anatolie, a su créer une carte remise au goût du jour. Un sans-faute pour les aubergines *Imam Bayildi* (25 Dhs) ou le pain garni *Sef'in Simit'i* (35 Dhs). Il y a parfois foule pour s'asseoir sur la terrasse, qui offre une belle vue sur le Burj al-Arab.

**● 47 • Jumeirah Beach Road, Umm Suqeim 3 ; en face de Jumeirah Beach Hotel • ☎ 04 338 9688 • www.kaftan-restaurant.com • T.l.j. 9h-minuit • Autre adresse à La Mer.**

# 7 Al Quoz ET ALSERKAL AVENUE

● Restos & bistrots p. 121 ● Bars, clubs & sorties p. 150 ● Boutiques p. 174

**Quartier situé en plein cœur de la zone industrielle, c'est ici que l'on déniche de véritables pépites. Bottier Italien, restaurateurs de voitures de collection, *bootcamp* entre les manufactures et cafés branchés, c'est une caverne d'Ali Baba ! L'incontournable Alserkal Avenue est devenu le fleuron du quartier, un site de galeries d'art, de créateurs et de boutiques tendance.**

## ❶ COURTYARD★★★

Non loin de l'agitation de la Sheikh Zayed Road, ce nid d'artistes a été créé en 1998 par Dariush Zandi, acteur de la scène artistique de Soho dans les années 1970. À Dubaï, cet architecte et photographe de renom a su imposer la première plateforme culturelle dans le secteur d'Al Quoz. L'allée fleurie, enclavée entre deux rues, ressemble à une oasis. Le lieu offre une résidence à des expos, un théâtre, un bistrot, un collectif de créateurs et de nombreux marchés pop-up.

4 B Street ou 6 A Street, Al Quoz Industrial 1 • M° Noor Bank • ☎ 04 347 5050 • www.courtyard-uae.com • T.l.j. 8h-19h • Entrée libre.

Oli Oli

## ❷ BOUNCE*

Un hangar tapissé de plus de 50 trampolines interconnectés pour atteindre l'un des préceptes de la NASA : l'exercice de rebond est la forme d'entraînement la plus efficace jamais conçue par l'homme. Coordonner les gestes et le regard, évaluer les distances, vous serez surpris par tous les bénéfices d'une séance de saut, cardio et superpouvoir anti-stress en tête.

**Building #32, 4 B Street, Al Quoz Industrial 1 • M° Noor Bank • ☎ 04 321 1400 • https://bounce.ae • Dim.-mer. 10h-22h, jeu. 10h-minuit, ven. 9h-minuit, sam. 9h-21h • Entrée : à partir de 85 Dhs ; enfant moins de 110 cm : 75 Dhs.**

## ❸ OLI OLI**

Pas de stimulations excessives, ni de musique assourdissante, Oli Oli (« joie » en hawaïen) est l'un des rares endroits récréatifs de la ville destinés aux enfants à ne pas donner de maux de tête aux grands. Des idées de génie rapportées des quatre coins du globe éveillant les cinq sens et bousculant les neurones, même ceux des parents. Sur deux niveaux, les huit galeries proposent plus de quarante activités interactives vous transportant dans une cité des sciences onirique et ludique.

**4th Street, Al Quoz 1 ; à côté d'Oasis Mall • ☎ 04 702 7300 • www.olioli.ae • Sam.-mer. 9h-19h, jeu.-ven. 9h-21h • Entrée adulte : 42 Dhs ; enfant : 126 Dhs (session de 2h) • Conseil : apporter une paire de chaussettes.**

### Pause café au Boston Lane

Une influence de riad marocain, un goût du café inspiré par la culture de l'expresso de qualité issue de la vague d'immigration italienne chez les Aussies, c'est la belle combinaison créée par deux expatriées australiennes. L'expression anglaise *procaffeinating* prend ici tout son sens, ou retarder toute action avant d'avoir bu un bon café.

**● 54 • Courtyard, 4B Street ou 6 A Street, Al Quoz Industrial 1 • M° Noor Bank • ☎ 058 517 2131 • www.bostonlane.com • T.l.j. 8h-19h • Expresso : à partir de 15 Dhs.**

# Boutiques à ne pas manquer à Alserkal Avenue

**Pénétrez dans l'antre underground des artistes de la ville, le QG des amateurs d'art et l'incubateur de start-up prometteuses. Fondé par l'Émirien Abdelmonem Bin Eisa Alserkal, ce réseau d'entrepôts minimalistes est un creuset de créatifs et abrite des boutiques et des cafés *cool vibes* à l'atmosphère audacieusement désinvolte (www.alserkalavenue.ae).**

## THE FLIP SIDE

Le seul disquaire indépendant de la ville célèbre le retour en grâce du vinyle et dit assez à la musique compressée ! Nostalgiques des grésillements du diamant ou amateur de jam sessions, venez débusquer un album collector, une table de mixage et rencontrer les DJ de la scène musicale dubaïote.

**● 33 • Alserkal Avenue, 17th Street ou 6 A Street, Warehouse 71, Al Quoz 1 • ☎ 04 221 6830 • Facebook : TheFlipSideDXB • T.l.j. 12h-19h.**

## HOWLIN'ROOSTER

Basil est un enfant de la troisième culture (expatrié aux multiples pays d'accueil). Passionné de musique et d'ébénisterie, il a du talent au bout des doigts. Luthier autodidacte, il commence à recycler divers contenants (boîte de conserve, boîte à cigares) cherchant toujours le son parfait. Ouds, ukulélés, guitares acoustiques et électriques, chacune de ses œuvres est magique, poétique et brillamment musicale !

**● 34 Alserkal Avenue, 17th Street ou 6 A Street, Warehouse 20, Al Quoz 1 • ☎ 05 333 1165 • www.howlinrooster.com • Dim.-jeu. 13h-20h • À partir de 300 Dhs.**

## MIRZAM CHOCOLATE MAKERS

La petite fabrique qui régale le tout-Dubaï est une ode au cacao. Inspiré par les saveurs de l'Orient et la route des épices, l'artisan chocolatier propose des créations uniques et délicieuses autour de la fève aux milles vertus. Les sublimes emballages sont dessinés par les artistes de la région, et des ateliers découvertes et des dégustations sont proposés pour devenir incollable sur le *Theobroma cacao*, étymologiquement « nourriture de dieux ».

Mirzam Chocolate Makers

● 35 **Alserkal Avenue, 17th Street ou 6 A Street, Warehouse 70, Al Quoz 1 • ☎ 04 333 5888 • https://mirzam.com • Dim.-mar. 9h-20h, mer.-sam. 9h-22h • *Dark Chocolate Chilli* : 39 Dhs.**

## THE ODD PIECE

The Odd Piece (« la pièce étrange ») est un drôle de mélange d'antiquités, de pièces uniques de designer et de meubles vintage *mid-century.* Un mariage heureux de moderne et d'ancien et une rencontre de styles éclectiques, que la Saoudienne Arwa Hafiz met en scène avec brio. Chaque objet raconte une histoire oubliée et donne envie de réinventer son intérieur.

● 36 **Alserkal Avenue, Street 17th ou 6 A Street, Warehouse 65, Al Quoz 1 • ☎ 04 379 1217 • http://the-oddpiece.com • Sam.-jeu. 10h-18h.**

## THE GOOD LIFE

Parce que la basket ne se porte pas que sur un terrain de sport, The Good Life transmet son amour de la chaussure mythique après avoir ouvert son premier magasin à Beyrouth en 2010. Une mode multigénérationnelle et « influenceuse » de communautés qui se retrouvent dans ce temple des sneakers, adepte de la triple bandes, virgule, et autres marques de premier plan.

● 37 **Alserkal Avenue, 17th Street ou 6A Street, Warehouse 64, Al Quoz 1 • ☎ 04 346 0004 • www.thegoodlifespace.com • T.l.j. 11h-20h.**

# 8 Dubai Marina ET JBR

● Restos & bistrots p. 123 ● Bars, clubs & sorties p. 151 ● Boutiques p. 175

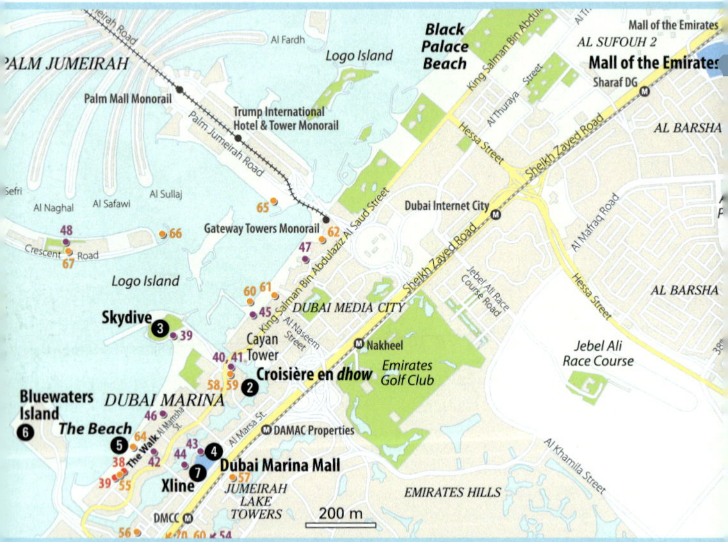


**Ce quartier dynamique, souvent piétonnier, appelé parfois le « nouveau Dubaï », a vu fleurir un bouquet de buildings logeant des familles et des jeunes célibataires, privilégiant l'incroyable vue aérienne. Vous aimerez flâner le long de la marina, partir en croisière sur un *dhow*, vous baigner à The Beach et écouter le ronronnement incessant des dernières cylindrées.**

## ❶ MALL OF THE EMIRATES★★★

Ouvert en 2005, ce centre commercial à trois niveaux est impressionnant. Les plus téméraires pourront même y séjourner plus d'une journée ! Plus de 630 marques internationales, 100 restaurants et cafés, quelques hôtels et des espaces de divertissement familial, dont le célèbre **Ski Dubai,**

Dubai Marina

première station de ski couverte du Moyen-Orient (tenue prêtée).
**Sheikh Zayed Road, Al Barsha 1 • M° Mall of the Emirates • ☎ 04 409 9000 • www.mallofthe emirates.com • T.l.j. 10h-minuit, horaires variables selon les commerçants.**

## ❷ CROISIÈRE EN *DHOW*★

Un circuit bien sympathique à bord d'un *dhow* traditionnel pour faire le tour de la marina. Profitez-en pour admirer ses tours et ses bateaux en passant au large de JBR. Savourez une boisson gratuite pendant la promenade, assis sur de confortables poufs. L'expérience dure 1 h et ne sera que plus belle si vous réservez votre traversée pour le coucher du soleil (17h-19h selon la saison).
**Captain Jack : Bristol Yacht Charters, Al Emreef Street, Dubai Marina Walk ; à côté de la fontaine, en face du Starbucks • ☎ 04 368 2480 • www.bristolcharter.net • T.l.j. 11h-23h (départ ttes les heures ; durée : 1 h) • Billet adulte : 60 Dhs ; enfant : 30 Dhs.**

## ❸ SKYDIVE★★

Ce site a accueilli le championnat du monde de parachutisme à plusieurs reprises. Amateurs de voltige et d'adrénaline, offrez-vous un saut en parachute en tandem à 4 000 m d'altitude. Deux possibilités : un vol

## Pause indienne au Bombay Bungalow

Réminiscence des bungalows historiques de Bombay, le décor somptueusement nostalgique crée un sentiment d'être « chez soi, loin de chez soi ». Un lieu de détente dépaysant, en bord de plage, qui ajoute une touche créative à la cuisine indienne traditionnelle, en fusionnant des recettes classiques avec des ingrédients plus répandus. Le chef souhaite que le meilleur de l'Inde soit accessible à tous.

**● 64 • The Beach, Unit 2301, JBR • ☎ 800 6928 779 • www.bombaybungalowdxb.com • T.l.j. 12h-minuit • Burrata Butter Chicken : 65 Dhs.**

au-dessus de la Palm Jumeirah ou bien au-dessus du désert. Votre harnais est attaché à l'instructeur, qui s'occupera de tout pendant que vous profiterez de l'expérience et de l'excitation. À couper le souffle !

**Accès à la fin de Al Sufouh Road, à droite juste avant le Habtoor Grand Hotel • ☎ 04 377 8888 • www.skydivedubai.ae • Lun.-sam. 10h-18h • Desert Campus : 1699 Dhs ; Palm Dropzone : 2 199 Dhs.**

### ❹ DUBAI MARINA MALL★

C'est un mall à l'échelle raisonnable, offrant de nombreuses distractions réparties sur trois niveaux. Son attrait principal tient surtout à ses restaurants et cafés avec terrasse donnant, pour la plupart, sur la marina et sa jolie promenade. Parfait pour un verre et admirer l'arrivée des mordus de la XLine.

**Al Marsa Street • M° DAMAC Properties • ☎ 04 436 1020 • www.dubaimarinamall.com • Dim.-mer. 10h-23h, jeu.-sam. 10h-minuit.**

### ❺ THE WALK ET THE BEACH★★★

The Walk est très apprécié pour sa longue promenade au pied des gratte-ciel. L'atmosphère animée des bars et cafés, les fresques murales, le bourdonnement assourdissant des voitures de luxe et les embouteillages font partie du charme étonnant de cette rue. Après quelques années de travaux, la longue plage publique qui la borde a été repensée et baptisée The Beach. Le site aux mille tentations est maintenant un pôle d'activités très couru développé par le même concepteur que La Mer, Meraas.

**Jumeirah Beach Residence ; accès par Al Mamsha Street • M° DAMAC Properties • T.l.j. 24h/24 • Accès libre**

## ❻ BLUEWATERS ISLAND★★

Elle est la terre d'accueil de **Dubai Ain** (« l'œil de Dubaï »), la plus grande roue d'observation jamais conçue par l'homme. D'ici son ouverture tant attendue, la plus récente des oasis insulaires de la ville se pare déjà de mille feux pour attirer tous les curieux. Le Caesars Palace Bluewaters Dubai a ouvert les portes de son théâtre The Rotunda, un dôme inspiré du Panthéon de Rome et les avenues de l'île en partie piétonnières serpentent autour de nombreux restaurants et boutiques à The Wharf.

**Accès piéton par The Wharf Link Bridge, au sud de JBR ; en voiture par la Sheikh Zayed Road ; en bateau-taxi : Bluewaters Wharf Station • ☎ 800 637 227 • www.bluewatersdubai.ae • Accès libre • T.l.j. 10h-1h ; horaires variables selon les commerçants.**

## ❼ XLINE★★

Soyez prévenus, il y a environ quatre abandons par jour ! Si vous avez le cœur bien accroché et que vous aimez repousser vos limites à l'extrême, alors l'expérience est pour vous. Élancez-vous sur la XLine, la plus longue tyrolienne urbaine au monde. Une glissade de 1 km à faire seul ou en tandem avec un départ à 170 m de haut. Caméra vissée sur le casque, vous repartirez avec une vidéo souvenir de votre exploit.

**Point de rdv : Dubai Marina Mall, Al Marsa Street • M° DAMAC Properties • ☎ 04 346 0003 • http://xdubai.com/xline/ • Jeu.-mar. 9h-17h • Entrée : 650 Dhs (à partir de 12 ans).**

## ❽ MIRACLE GARDEN★

Avis aux passionnés d'art topiaire ou simples amateurs de jardins prodigieux, ne ratez pas ce parc gigantesque ! Fermé en été, il se transforme chaque année au gré de projets toujours plus ambitieux. Inscrit au *Guinness des records*, Miracle Garden c'est environ 150 millions de fleurs sur un espace de 72 000 m². Le légendaire Mickey culmine à plus de 18 m et règne en maître bienveillant sur une flore bigarrée (parfois kitsch) et des compositions surprenantes telles qu'un A380 ou un château de conte de fées.

**Al Barsha South 3, Dubai Land • M° Mall of the Emirates, puis prendre le bus 105 (20 min) • ☎ 04 422 8902 • www.dubaimiraclegarden.com • Ouvert nov.-mai ; dim.-jeu 9h-21h, ven.-sam 9h-23h • Entrée : 50 Dhs ; 2-12 ans : 40 Dhs.**

# La ville de tous les défis

**Dubaï est la ville où l'on peut tout imaginer, tout accomplir… Elle explore un champ des possibles où, des chimères à la réalité, il n'y a parfois qu'un pas. Certes il lui reste encore beaucoup à parcourir, de défis à relever et de valeurs à transcender. Mais la cité peut être fière du chemin parcouru en moins d'un demi-siècle seulement. Elle vous intriguera, vous émerveillera ou peut-être même vous horripilera ! Mais nul doute que vous ne resterez pas insensible…**

## LE BUZZ PROFESSIONNEL

La crise de 2008 a durement frappé Dubaï, qui a dû, un moment, cesser son vaste chantier. Aujourd'hui, la ville s'est relevée et les travaux ont repris. Les étrangers ne s'y sont d'ailleurs pas trompés, venant toujours nombreux, leurs valises pleines d'ambitieux projets. Le droit de résidence émirien repose essentiellement sur le visa de travail, ce qui explique qu'il n'y ait presque aucun étranger retraité. Cela favorise ainsi le maintien d'une **population toujours active et dynamique.** À Dubaï, on travaille souvent 6 jours sur 7 ; aussi les moments libres se doivent-ils d'être plaisants et divertissants. L'économie de l'État est fondée sur le tourisme et sur la bonne redistribution des revenus des expatriés, faisant en sorte que

### Expo 2020, le rayonnement durable en marche

Une première au Moyen-Orient, l'Exposition universelle se tiendra à Dubaï du 20 octobre 2020 au 10 avril 2021. Avec plus de 190 nations participantes et 25 millions de visiteurs attendus, l'un des objectifs essentiels du projet est de laisser un héritage significatif et durable. 80 % des infrastructures trouveront un second souffle au cœur d'un nouveau quartier : District 2020. L'Opportunity Pavilion, fabriqué à partir de matériaux organiques, montrera comment des décisions individuelles peuvent avoir un impact sur des causes globales. Mobility Pavilion retracera la mobilité et l'évolution des biens, des idées et des données à travers le temps. De l'exploration ancienne à l'intelligence artificielle, le voyage débutera à bord de la plus grande plateforme élévatrice du monde, vous transportant à Bagdad au IXe siècle dans la Maison de la Sagesse, avant de vous mener vers le futur.

**https://www.expo2020dubai.com/en**

les capitaux soient réinsufflés dans le pays. On visite, on s'amuse, on sort... la vie est un **tourbillon de fêtes** qui vient compenser de longues heures de travail.

Dubai Fountain

## UNE SOCIÉTÉ DE LOISIRS

Les plus grands professionnels du divertissement ont développé des concepts de loisirs démentiels. L'été, le thermomètre taquine les 50 °C, les activités en intérieur sont donc privilégiées. Chaque **mall,** ou presque, propose des occupations attrayantes et de nombreux **musées** ont été inaugurés ou sont dans les starting-blocks. L'hiver, les températures nettement plus agréables et le soleil persistant orientent les habitants vers les animations de plein air. Pour vous la couler douce, profitez des plages, des sports nautiques et des jardins. Les **parcs d'attractions et aquatiques** sont aussi nombreux, comme à Global Village ou Dubai Parks. Pour les sensations fortes, rien de mieux qu'une **excursion dans le désert** ou une **sortie en montgolfière.** Immergez-vous dans le folklore émirien en regardant, à défaut d'y participer, une **course hippique ou de dromadaires** (p. 88).

## LA CULTURE, LE NOUVEAU BOOM TOURISTIQUE

Pour se donner les moyens de son ambition, devenir la destination touristique mondiale numéro 1, Dubaï élargit son offre. En 2017, 15,8 millions de touristes ont visité la cité. **Dubai International Airport** se classe dans le top 3 des aéroports les plus fréquentés du monde et **Al Maktoum International Airport** (cinq pistes) sera, à terme, le géant du trafic aérien. Une ville qui souhaite monopoliser le marché touristique ne peut l'envisager sans une offre culturelle sérieuse et diversifiée. Stimulé par la réussite de son voisin d'Abu Dhabi, le gouvernement concentre désormais ses investissements dans deux domaines privilégiés : la sauvegarde de son patrimoine et l'ouverture au monde artistique et intellectuel international. En témoignent l'organisation d'événements comme **Art Dubai** (p. 18) - le salon annuel réunit plus de 90 galeries internationales et devient une scène d'influence émergente. **Dubai Opera** (p. 142) a su répondre aux amateurs de spectacles de qualité en important des performances acclamées outre-mer. Et **Coca-Cola Arena** (p. 146) peut accueillir 17 000 visiteurs, de quoi attirer festivals, concerts et les manifestations sportives les plus ambitieuses. Dans les projets à venir, **The Museum of the Future** (www.museumofthefuture.ae) devrait aussi booster la ville sur le plan de l'innovation et du design.

# 9 Palm JUMEIRAH

● Restos & bistrots p. 126 ● Bars, clubs & sorties p. 155 ● Boutiques p. 176

C'est la première île, créée de la main de l'homme, qui soit visible depuis l'espace. Un défi architectural colossal et un impact sur l'environnement dont on ne mesure pas encore l'ampleur. La péninsule artificielle en forme de palmier à seize branches ne se visite pas partout. Impossible, sans y être invité, d'accéder aux *fronds* (« feuilles ») hébergeant les villas, pieds dans l'eau, de résidants fortunés. Vous apprécierez cependant les plages de sable fin de l'un des nombreux palaces, une balade à The Pointe et le panorama unique sur le littoral.

## ❶ PALM MONORAIL*

Ouvert en 2009, ce rail unique a été créé pour faciliter le transfert des résidents et des touristes d'un bout à l'autre de la Palm, offrant un point de vue d'ensemble, sans oublier ses jolies villas au bord de l'eau. Une fois que l'on a trouvé son point de départ (assez mal indiqué), c'est un moyen pratique pour accéder directement à l'hôtel Atlantis. Il est relié au Dubai Tram, qui permet de rejoindre la marina et JBR.

**11, King Salman Bin Abdulaziz Al Saud Street • Accès en taxi ou en tram, au départ de Palm Gateway • www.palm-monorail.com • T.l.j. 10h-22h ; train toutes les 15 min • Billet aller : 20 Dhs ; billet A/R : 30 Dhs (espèces uniquement).**

## ❷ ATLANTIS, THE PALM**

C'est le premier *resort* à avoir été construit sur l'île artificielle de la Palm en 2008. Situé à son extrémité sur le haut du croissant, il se dresse telle la porte d'entrée d'une imposante citadelle. Nombreux sont les touristes qui s'y arrêtent pour profiter de ses multiples loisirs. Son architecture et sa décoration sont inspirés du mythe de l'Atlantide, la fameuse île engloutie.

**Crescent Road • Accès en Palm Monorail ou en taxi • ☎ 04 426 2000 • www.atlantisthepalm.com • T.l.j. 24h/24 • Accès libre.**

Atlantis, The Palm

The Lost Chambers Aquarium

## ❸ AQUAVENTURE WATERPARK**

Faites le plein d'adrénaline avec des attractions spectaculaires sur 42 ha. Testez la Tower of Neptune pour une descente verticale dans un tube translucide au milieu de requins, ou la Tower of Poseidon, le plus grand toboggan du monde, qui vous entraîne dans une série de rebondissements à plus de 60 km/h ! Après toutes ces sensations, détendez-vous sur la plage, entourée d'une végétation tropicale luxuriante.

**Atlantis, Crescent Road • Accès en Palm Monorail ou en taxi • ☎ 04 426 0000 • www.atlantisthepalm.com • T.l.j. 10h-18h • Entrée adulte : à partir de 360 Dhs ; enfant moins de 120 cm : 320 Dhs • Résa en ligne.**

## ❹ THE LOST CHAMBERS AQUARIUM**

Imaginez-vous il y a des milliers d'années, perdu dans les profondeurs de la mer, entouré de 65 000 animaux marins. Explorez les labyrinthes sous-marins et les tunnels de l'Atlantide, civilisation perdue, tout en croisant des requins, des anguilles, des raies, des hippocampes et des piranhas. Si vous le pouvez, assistez au repas de ces animaux marins (lun.-mar. et jeu.-sam. à 10h et 16h).

**The Avenues Atlantis, Crescent Road • Accès en Palm Monorail ou en taxi • ☎ 04 426 1040 • www.atlantisthepalm.com • T.l.j. 10h-22h • Entrée adulte : à partir de 135 Dhs ; enfant : 95 Dhs • Résa en ligne.**

## ❺ DOLPHIN BAY*

Dans ce lagon peu profond, vous pouvez caresser les dauphins et même nager avec eux. Choisissez votre expérience en fonction de votre âge et de vos aptitudes physiques ; les plus aventureux plongeront en bouteille avec ces sympathiques mammifères marins. Une rencontre privilégiée, de l'interaction et un souvenir inoubliable ! À savoir : une réservation à Dolphin Bay vous garantit un accès libre à l'Aquaventure.

**Atlantis, Crescent Road • Accès en Palm Monorail ou en taxi • ☎ 04 426 1030 • www.atlantisthepalm.com**

**• T.l.j. 10h-18h • Entrée observation : 325 Dhs ; entrée rencontre, avec accès à l'Aquaventure Waterpark : 950 Dhs • Résa en ligne.**

## ❻ THE POINTE**

Située à l'extrémité du tronc de la Palm, au bord de la baie, The Pointe est la nouvelle destination phare des riverains de l'île. Un complexe commercial au bord de l'eau, avec, à l'horizon, l'hôtel Atlantis comme spectateur bienveillant. Une balade de 1,5 km avec plus de 100 restaurants et points de vente pour toujours plus de shopping et de loisirs. Dans un proche avenir, un spectacle de fontaines tournoyantes devrait rivaliser avec celles de Downtown.

**Al Mirziban Road Frond H, Frond I • Accès en taxi ; nouvelle station Palm Monorail en cours de chantier • ☎ 04 390 9999 • http://thepointe.ae • T.l.j. 10h-minuit.**

### Pause italienne au Ronda Locatelli

Le chef étoilé Giorgio Locatelli est une star du petit écran britannique et de la gastronomie italienne. Il signe un menu authentique à l'image de cette Italie gourmande, conviviale et généreuse, dans un décor rustique digne de la campagne transalpine. Des ingrédients de qualité avec aussi un large choix vegan (plus de 40 plats). Fondante et succulente, la salade Polpo e patate (99 Dhs) ; *deliziosa*, la pizza margherita (73 Dhs)...

**● 69 • The Avenues Atlantis, Crescent Road • Accès en Palm Monorail ou en taxi • ☎ 04 426 2000 • www.atlantisthepalm.com • T.l.j. sauf mer. 11h-23h.**

# Dubaï, ingénieux et futurist

**On entend dire que plus de 20 % des grues du globe se trouvent à Dubaï... ce qui ne serait pas étonnant dans ce chantier permanent. Dubaï mérite bien son titre de « ville des superlatifs » et vise toujours et encore plus de records... La cité a littéralement émergé des sables du désert. Plus de dix ans après la crise financière, l'État se lance de nouveau à la conquête des étoiles. La démesure de Dubaï n'attend plus que vous !**

## « IMPOSSIBLE N'EST PAS DUBAÏOTE »

Avant la construction des îles artificielles, qui aurait imaginé des œuvres aussi bravaches ? Certes, **construire sur la mer** n'est pas nouveau. Mais il n'y a que Dubaï pour ajouter des formes à la prouesse technique et construire des bâtiments si colossaux qu'on ne peut mesurer leur ampleur que par des vues satellite ! La ville, bénéficiant d'un espace presque infini, s'est lancée un **défi architectural.** Les trois sheikhs successifs ont pensé et encouragé ce développement à l'appétit gargantuesque. À première vue, ce projet peut paraître hasardeux. Pourtant, cette folie des grandeurs fait partie de la **politique d'ouverture et de diversification des activités du pays**.

### Défier les lois de la physique

Les plus grands architectes internationaux ont carte blanche et réalisent ici leurs rêves de gosse. Cette skyline éclectique vaut une visite à elle toute seule. Les chefs de file : le Burj al-Arab (p. 61) et le Burj Khalifa (p. 46) toujours le toit du monde (pour le moment). Dubai Frame (p. 45), le cadre géant, capture l'humeur de la cité. Les Emirates Towers (p. 43) sont les jumelles de DIFC. Vers Dubai Marina, Princess Tower, Elite Tower et Cayan Tower font tourner les têtes. Enfin les Palm Islands, constituées de trois îles artificielles : Palm Jumeirah, la plus petite (achevée en 2006 par Jan De Nul et Van Oord ; p. 74), Palm Deira et Palm Jebel Ali.

## ET CE N'EST PAS FINI !

**The World Islands** regroupent 300 îles artificielles en forme de carte du monde à 4,5 km du littoral. Un temps à l'arrêt, le projet souffle avec, dit-on, près de 70 % des îles vendues. **The Heart of Europe** annonce une ouverture prochaine avec notamment des villas flottantes en partie immergées (prix d'appel 10 millions de Dhs). À **Dubai Water Canal,** de nombreuses grues sont à l'œuvre, révélant au compte-gouttes un chantier babylonien. The Gate Tower marquera l'entrée du canal, la tour aux jardins suspendus enjambera le bras de mer avec un pont entre ses deux rives. Le secteur de Dubai Creek Harbor, proche du sanctuaire sauvage de Ras Al Khor, fait abondamment parler de lui. Une nouvelle tour y émerge déjà de terre : la **Dubai Creek Tower** vise les cieux, elle dépassera Burj Khalifa. Inhabitable, elle disposera de ponts d'observation et sera la reine d'une marina et d'un nouveau mall record, le Dubai Square. Dessinée par l'architecte Santiago Calatrava, une maquette de la tour en forme de lis est visible à Dubai Mall. Sa hauteur exacte reste encore inconnue. Elle ne dépasserait pas, semble-t-il, la saoudienne Jeddah Tower (plus de 1 km de haut) actuellement en construction.

Cayan Tower

## DISCIPLE DE L'ÉCOLOGIE ?

Dubaï met à rude épreuve l'environnement et agace souvent par ses excès et son profil consumériste. Les ÉAU, où siège l'Agence internationale pour les énergies renouvelables, s'engage maintenant sur la **voie de la transition climatique.** Selon WWF, il y a dix ans, Dubaï avait la plus grande empreinte carbone planétaire. Consciente de la nécessité de supplanter les énergies fossiles, Dubaï souhaite, d'ici 2050, caracoler en tête des villes propres. Une volonté de changement qui se concrétise par plusieurs avancées comme le dessein de recycler Expo 2020 (p. 72). **Sustainable City,** un voisinage écoresponsable, retraite ses eaux et ses déchets (élu quartier où l'on vit le mieux et sans voiture !). Les bornes d'accès pour les véhicules électriques et les fermes organiques fleurissent. Il existe aussi une **certification « green building »** et Mohammed Bin Rashid Al Maktoum Solar Park produira bientôt l'électricité la moins chère et la plus propre du globe. La cité pionnière s'équipera aussi de **trains capsules à grande vitesse Hyperloop,** le transport écologique de l'avenir. S'il reste encore beaucoup à faire pour verdir durablement l'image de la métropole, il faudra assurément compter sur sa soif de première de la classe pour répondre aux enjeux internationaux.

# 10 Excursions AUTOUR DE DUBAÏ

● Restos & bistrots p. 127 ● Bars, clubs & sorties p. 156 ● Boutiques p. 176

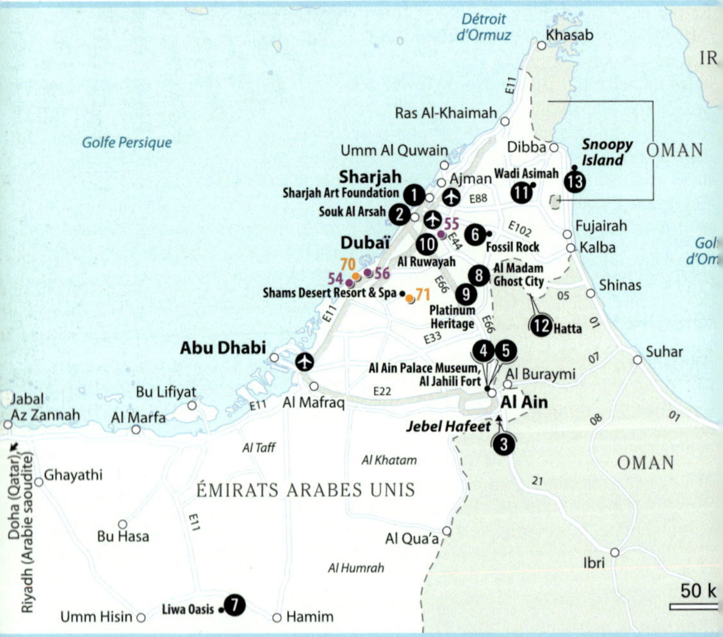


**Si la durée de votre séjour vous le permet, lancez-vous à la découverte des émirats voisins : Sharjah et son quartier du patrimoine, le mont Jebel Hafeet à Al Ain et les pics escarpés d'Hatta. Les plus aventureux pourront visiter les oueds *(wadis)* ou dévaler les dunes vertigineuses de l'impressionnant désert de Liwa. Pour une sortie inédite, explorez les mystères d'un village abandonné, The Ghost City.**

# Sharjah et Al Ain

## SHARJAH

Accès : en taxi (à env. 1 h du centre de Dubaï) ou en bus à partir de la station Al Ittihad (Deira) ou Al Ghubaiba (Bur Dubai), toutes les 10 min (arrêt Al Jubail Station, 40 min de trajet, 5 Dhs).

### ❶ SHARJAH ART FOUNDATION***

Cette fondation pour l'art, réputée pour sa biennale, se situe au cœur de la zone historique d'art et du patrimoine de Sharjah accueillant de nombreux musées (Sharjah Art Museum, Sharjah Museum of Islamic Civilization). Elle propose des événements tout au long de l'année. Expositions, concerts, projections de films, ateliers éducatifs et conférences, la programmation est brillante. La Fondation abrite aussi une œuvre permanente immersive magistrale près du parc Al Majarrah : **The Rain Room.** Dans cette installation du collectif londonien Random International, des précipitations perpétuelles s'interrompent à chaque fois que quelqu'un se déplace dans l'espace. Les visiteurs sont ainsi à la fois exposés et protégés de la pluie continue. À voir absolument !

The Rain Room

### Formalités

Quand vous voyagez en dehors de Dubaï, munissez-vous de votre passeport, une frontière est vite arrivée. Il est aussi obligatoire pour séjourner dans les hôtels. Dans le désert, les nuits sont froides en hiver et chaudes en été, portez des vêtements adaptés et prenez un ravitaillement en eau et nourriture.

**Pour plus de renseignements sur les modalités lors des excursions dans le désert, voir le Carnet pratique p. 192.**

Al Ain Palace

Al Shuwaiheen Art Area • ☎ 06 568 5050 • www.sharjahart.org • Sam.-jeu. 9h-21h, ven. 16h-21h • Accès libre.
**Rain Room :** ☎ 06 561 0095 • Sam-jeu 9h-21h, ven. 16h-23h • Entrée : 25 Dhs.

## ❷ SOUK AL ARSAH★★

Un des plus vieux souks des Émirats arabes unis (ouvert en 1955). Bois de santal, feuilles de palmier et tours à vent délimitent le site. Arrêtez-vous pour boire un thé à la menthe dans son café traditionnel ou y manger quelques dattes au cœur fondant, avant de vous perdre dans ce labyrinthe de ruelles. L'endroit idéal pour rapporter quelques souvenirs typiques : encens, pashminas, *khanjar* (poignard recourbé).

Al Mareija, Sharjah Creek ; à côté de Corniche Street • ☎ 800 80 000
• www.heartofsharjah.ae
• Sam.-jeu. 9h-21h, ven. 16h-21h.

# AL AIN

Accès : prendre la E66 jusqu'au cœur d'Al Ain. Compter env. 1h30 de trajet.

## ❸ JEBEL HAFEET★★

Abritant une faune et une flore protégée, cette montagne aux nombreuses grottes (la deuxième plus haute des ÉAU, 1 249 m) est un lieu prisé pour les randonnées et les pique-niques. Elle se trouve sur la frontière avec Oman et offre une vue imprenable sur Al Ain. Le Jebel Hafeet est un repère bien connu dans l'histoire de la région, puisqu'on y a découvert des coraux calcifiés montrant que la zone était autrefois recouverte par la mer.

Accès par une route en lacet au sud de la ville (E40) au pied du Jebel Hafeet Park • www.explorealain.com

## ❹ AL AIN PALACE MUSEUM★

Le musée est installé dans le palais de l'ancien président des ÉAU, le Sheikh Zayed bin Sultan Al Nahyan, qui fut au pouvoir de 1971 à 2004 et vécut ici avec sa famille. Construit en 1937, le palais fut transformé en musée en 2001. Il abrite une importante collection de documents sur la famille régnante, une galerie de photos qui retrace la vie du sheikh et présente un grand nombre de pièces du palais.

**Al Jahili Area, Hessa Bint Mohammed Street, la rue à côté de Al Ain Oasis • ☎ 03 711 8388 • www.explorealain.com • Mar.-jeu. et sam.-dim. 8h30-19h30, ven. 15h-19h30 • Accès libre.**

## ❺ AL JAHILI FORT**

Situé dans de magnifiques jardins paysagers, le pittoresque Al Jahili Fort a été érigé en 1891 pour défendre la ville et protéger ses précieuses palmeraies. Aujourd'hui, il présente une exposition permanente consacrée à l'aventurier britannique sir Wilfred Thesiger, écrivain et photographe qui traversa deux fois l'Empty Quarter (désert de Rub al-Khali) dans les années 1940 et que les habitants appellent affectueusement « Moubarak Ben de Londres ».

**Sultan Bin Zayed Al Awwal Street, Al Mutawaa • ☎ 03 711 8311 • www.visitabudhabi.ae • T.l.j. sauf lun. 9h-17h, ven. 15h-17h • Accès libre.**

# Côté désert

**Pour préparer une excursion, voir le Carnet pratique p. 192.**

## ❻ FOSSIL ROCK**

Cette excursion est prisée des résidents pour s'initier à la conduite sur le sable et profiter d'un pique-nique à la beauté crépusculaire. Fossil Rock est un pic rocailleux entouré d'un désert aux nuances de rouge-orangé, non loin des célèbres dunes nommées « Big Red ».

**Accès par la route E102 Sharjah Kalba ; sortir à Al Malaiha, route E55. À 31 km de Dubaï • Munissez-vous du guide *UAE Off-Road* • 4x4 indispensable • Voir les visites guidées p. 189.**

## ❼ LIWA OASIS***

Le berceau historique de la tribu Bani Yas se situe à l'extrémité nord de l'Empty Quarter (Rub al-Khali), la plus grande masse de sable ininterrompue du monde, avec des dunes atteignant jusqu'à 300 m de haut. L'oasis s'étire sur plus de 100 km le long d'un arc est-ouest. C'est le point de départ de nombreux safaris. Certains visiteurs y pratiquent le *sand boarding* ou s'arrêtent pour une collation au somptueux **Qasr Al Sarab** (☎ 02 886 2088, www.anantara.com).

**Quitter Dubaï par la SZR, direction Abu Dhabi, suivre Ghweifat et Madinat Zayed, route E11, c'est tout droit ; sortir à Madinat Zayed (prévoir son passeport car il y a un *check point*). À 3h30 de Dubaï • Munissez-vous du guide *UAE Off-Road* • 4x4 indispensable • Ne pas prendre de photos dans les zones défendues, attention !**

## 8 AL MADAM GHOST CITY★★★

L'histoire ne dit pas exactement ce qui a poussé les habitants à déserter l'endroit : superstition, mauvais œil ou climat inhospitalier ? La tribu Al Kubti aurait vécu ici, avant que des *djinns* la fasse fuir. Créées d'un feu pur et sans fumée, ces créatures invisibles habiteraient notre monde et seraient dotées de libre arbitre. Ce village englouti par les sables vous transportera vers un lieu à la beauté surréaliste. Une mosquée, quatre rangées de maisons alignées, toutes dramatiquement vides ! Ici le temps s'est figé, quelques vestiges de meubles abandonnés, de papiers peints usés et des pièces ensevelies par les dunes...

**Accès par la E44 Hatta road. Au rond-point d'Al Madam (Umm Al Quwain Al Shuwaib Road), tourner à droite sur la E55. Après 500 m, tourner à droite et aller jusqu'à la fin de la route. Les derniers mètres se font à pied. À 1h du centre-ville.**

Al Madam Ghost City

### Pause aux portes du désert chez Al Sarab Rooftop Lounge

Situé dans une oasis, l'hôtel Bab Al Shams a un magnifique toit-terrasse, très fréquenté par la jeunesse arabe surtout les soirs de week-end. Surplombant le désert, il offre une palette de couleurs insaisissables sur le coucher du soleil. Les sons mélodieux du joueur d'oud (luth arabe), les lumières tamisées et les effluves de chicha exaltent le charme d'une soirée digne d'un conte oriental.

**● 71 • Bab Al Shams Desert Resort & Spa • ☎ 04 809 6194 • www.babalshams.com • T.l.j. 16h-1h • Consommation : à partir de 40 Dhs (185 Dhs/pers. minimum jeu.-ven.) • Licence d'alcool.**

## 9 PLATINUM HERITAGE★★★

Une expérience originale, respectueuse de l'environnement

et des sites visités, récompensée par un Green Tourism Award. Laissez-vous séduire par le safari en Land Rover décapotable rétro et partez à la découverte de la faune locale sur les terres de la réserve royale. Une promenade en douceur, sans *dune bashing*, agrémentée en fin de visite par un dîner en musique et des activités traditionnelles (démonstrations de fauconnerie, tatouage, henné, etc.). Plus confidentiel, passez une nuit romantique dans une demeure typique en pierre.

**Camp situé près de Murqqab, route d'Al Ain E66. À 50 min de Dubaï • ☎ 04 440 9827 • www.platinum-heritage.com • T.l.j ; horaires selon la formule choisie • Heritage Desert Safari : demi-journée (4x4 rétro) 595 Dhs ; pour dormir sur place 995 Dhs ; transferts vers les hôtels inclus.**

## ⑩ AL RUWAYYAH

Venez frapper aux portes de cette écurie pas comme les autres dans une ambiance décontractée et familiale. Ancien du Cadre noir de Saumur, Bertrand Lecompte a le sens de l'excellence et propose une balade inédite à l'écart de la frénésie citadine. Une chevauchée entre palmeraie et désert où, si vous êtes chanceux, vous aurez le privilège de croiser quelques spécimens de la faune locale. Un bel instant contemplatif aux portes de l'immensité.

**European Equestrian Center - Al Ruwayyah : Al Ain Road E66, au croisement avec la E611. À 20 min de Downtown • ☎ 056 778 6409 • www.europeanequestriancenterdubai.com • Balade privée : 450 Dhs ; groupe à partir de 2 pers. : 270 Dhs • Transport possible.**

## Se déplacer aux ÉAU

Si vous préférez vous passer d'un guide ou d'un tour-opérateur, sachez que se rendre en dehors de Dubaï en louant une voiture (GPS recommandé) coûte souvent moins cher qu'un taxi. Pensez à acheter le guide *UAE Off-Road* (cartes des routes), en vente dans les supermarchés. Le plus pratique est de louer une voiture à partir de l'aéroport ; les prix y sont à peu près égaux entre les agences de location. Sachez qu'en cas de casse ou de panne, les sorties dans le désert ne sont pas couvertes par les assurances. Sinon, RTA propose un service de taxi entre Dubai et Hatta à partir de deux points de rendez-vous : près de la station de bus à Al Sabkha, et du marché aux fruits et légumes de Al Aweer.

**www.rta.ae, onglet « *Public Transport* » puis « *Taxi* ».**

## Côté montagne et *wadis*

Un *wadi* (vallée en arabe) ou oued est un lit de rivière, souvent à sec, niché au cœur d'une gorge. Il est parsemé de bassins plus ou moins profonds résultant d'une montée des eaux forte et soudaine pendant la période de crues.

### ⓫ WADI ASIMAH★★

Ce *wadi* offre le dépaysement et les sensations fortes sans les dangers du désert. On y découvre des piscines naturelles bleu lagon, des dattiers, des troupeaux de chèvres perchés dans les arbres, un village de montagnards hospitaliers. C'est une nature à l'état brut, des roches aux lignes coupantes et aux couleurs exceptionnelles, des merveilles après les émotions provoquées par le franchissement de certains passages.

**Al Fara, Ras el Khaïmah, à env. 2h de Dubaï.**

### ⓬ HATTA★★★

Comme sur le mont Lee à Hollywood, la ville aux belles ambitions accueille ses visiteurs par un large signe « Hatta », accroché aux montagnes. Écotourisme, infrastructures sportives et hébergements atypiques fleurissent ici et là pour promouvoir les beaux attraits de la région. Une bouffée d'oxygène avec ses temps forts : kayak dans le lac aux eaux bleu lagon du barrage d'Hatta, trekking solo ou en groupe entre sommets rocailleux, village historique et fermes agricoles. 50 km de pistes VTT (location possible) sont aussi accessibles librement. Suivez les repères selon votre niveau, comme au ski ça monte crescendo : piste verte pour les débutants, noire pour les pros ! Et pour une nuit à la belle étoile,

Hatta

vous avez le choix entre caravanes Airstream au pied du lac, cabanes sur pilotis et camping classique.

Accès par la route E102 Sharjah Kalba. Après Shawka, rejoindre Hatta vers la E44 • http://visithatta.com

**Pistes VTT :** http://hattamtb.ae/index.html • Ouvertes toute l'année.

**Excursions :** https://hattaadventures.com • À partir de 50 Dhs.

**Base nautique :** https://hattakayak.com • À partir de 60 Dhs.

## Côté mer

### ⓭ FUJAIRAH : PLONGÉE AUTOUR DE SNOOPY ISLAND***

Fujairah, le plus jeune des Émirats, est séparé du reste du pays par les montagnes Al Hajar, « montagnes de pierre ». Il est très apprécié pour ses spots de plongée autour de Snoopy Island, un grand rocher aux airs du célèbre chien de bande dessinée. L'île a formé un récif corallien riche en vie marine (requins, raies, tortues de mer et poissons multicolores). Les montagnes escarpées et les oueds offrent également de beaux sites de randonnée et quelques attractions historiques valent le déplacement, comme le fort ou Al Badiyah Mosque, la plus ancienne du pays (XVe siècle) près de Khor Fakkan. Pour séjourner quelques nuits, **Sandy Beach** reste le coin préféré des familles et des plongeurs. Ouvert en 1978, l'hôtel au charme désuet évoque un peu les vieux motels de Palm Springs.

Accès : Al Aqqa, Fujairah, sur la route Dibba-Khor Fakkan. À 2h de Dubaï • ☎ 09 244 5555 • www.sandybeachhotel.ae

# Sports et traditions

**Même si 71 % de la population totale du pays est d'origine étrangère, le peuple émirien fait preuve d'un authentique attachement à ses racines et à ses traditions. Depuis quelques années, le gouvernement dubaïote favorise l'accès à des activités séculaires pour tous les Émiriens. Ces derniers se réapproprient progressivement leur patrimoine, parfois oublié au profit des divertissements de masse du XXI$^{e}$ s. Ce sentiment se cristallise notamment sous la forme des trois sports traditionnels émiriens.**

## LES COURSES DE DROMADAIRES

Durant des siècles, les dromadaires ont servi de moyen de transport, ils fournissaient du lait et de la viande, ils étaient de vrais compagnons de route pour les bédouins. Ces animaux avaient aussi vocation au divertissement sportif (ils courent de 40 à 65 km/h), et sont, aujourd'hui encore, l'objet de compétitions et de célébrations importantes. Dans la région du Golfe, ils sont toujours le reflet de la prospérité d'une famille (grâce au nombre de bêtes d'un troupeau). Chaque mois de décembre, une petite ville de l'Empty Quarter dresse ses tentes pour accueillir le **festival Al Dhafra,** un concours de beauté dont les reines à longs cils s'affrontent sur cinq catégories de

## Adresses utiles

**Courses de dromadaires**

**Dubai Camel Racing Club : sur la route E66, direction Al Ain • ☎ 055 676 0006 • Oct.-avr. : t.l.j. 7h-10h et 14h-17h.**

**Courses de cheveaux**

**- Dubai Racing Club (hippodrome), Meydan depuis la Sheikh Zayed Road, prendre le 2$^{nd}$ *interchange* et tourner à gauche vers Al Meydan Road, suivre la direction Meydan Racecourse et The Meydan Hotel • http://www.dubairacingclub.com • Vente des billets : ☎ 04 327 2110 ou ticketoffice@dubairacingclub.com • Visites des écuries : http://stabletours.meydan.ae**

**- Écuries du Sheikh Mohammed Bin Rashid Al Maktoum www.godolphin.com**

**Fauconnerie**

**- Centre de la fauconnerie Al Hurr Falconry Services, Nad Al Sheba • ☎ 04 323 4829 • www.alhurrfalconry.com**

**- Abu Dhabi Falcon Hospital • https://www.falconhospital.com • ☎ 02 575 5155.**

robes. Le record en 2008 : un dromadaire vendu à 10 millions de dirhams. Il existe aussi des **courses prestigieuses,** véritables événements rassemblant une foule nombreuse et joyeuse. Le Coran interdit les jeux d'argent, les gagnants sont néanmoins récompensés par de nombreux prix de valeur, souvent des voitures.

Centre de la fauconnerie

## UNE PASSION HIPPIQUE

La passion qui unit les Émiriens au sport hippique est célèbre dans le monde entier et remonte à plusieurs siècles d'une histoire commune. Les **pur-sang arabes** sont parmi les plus anciennes races de chevaux puisqu'ils sont apparus il y a plus de 4 500 ans. Grâce à leurs qualités uniques (endurance, intelligence, robustesse), les pur-sang arabes étaient utilisés comme montures dans les guerres tribales ou comme moyen de transport des messagers d'une tribu à une autre. Ils peuvent supporter les rudesses du désert, ils boivent et mangent moins que d'autres espèces. Ces nombreuses qualités en font des créatures prisées et respectées, dignes des plus grands trésors royaux. Les prix lors des ventes d'équidés peuvent d'ailleurs atteindre des montants vertigineux. Le **Sheikh Mohammed Al Maktoum,** qui participe à de nombreuses compétitions internationales, est aussi un grand éleveur de chevaux ; il possède un étalon d'une valeur de 9,2 millions de dollars. Ses écuries (établies dans six pays), Godolphin, remportent très souvent les prix internationaux les plus prestigieux.

## LA FAUCONNERIE

L'image du faucon et l'art antique de la chasse, qui remonte à environ 2 000 ans, sont aussi un moyen de préserver les traditions des ancêtres bédouins. Les proies rapportées par le rapace permettaient de compléter une alimentation souvent frugale. À la même époque, les sheikhs profitaient des expéditions de chasse pour visiter leur région et maintenir ainsi un lien avec leur peuple, parfois éparpillé dans le désert. Les faucons, tout comme les étalons et les dromadaires, coûtent une fortune et sont un signe de prospérité pour celui qui en possède. La fauconnerie est aujourd'hui devenue une activité sportive très appréciée, dont la pratique se transmet de père en fils. Vous pourrez admirer cet art et en apprendre les rudiments au Centre de la fauconnerie ou à l'hôpital des faucons à Abu Dhabi (voir encadré ci-contre).

# 11 Abu Dhabi ET SHEIKH ZAYED GRAND MOSQUE

● Restos & bistrots p. 128 ● Bars, clubs & sorties p. 157 ● Boutiques p. 177

**En constante mutation, la capitale des Émirats s'étend désormais sur plusieurs îles. À la fois contemporaine et patriarcale, Abu Dhabi forge pas à pas son image de ville flamboyante, où mangroves, gratte-ciel et palais éclatants se tutoient en parfaite harmonie. Le Louvre Abu Dhabi fait déjà rayonner les arts et la culture sur l'île de Saadiyat, et Yas Island a pris les rênes du secteur des loisirs.**

## Abu Dhabi Downtown

### ❶ SHEIKH ZAYED GRAND MOSQUE★★★

C'est là que repose le Sheikh Zayed, le « père de la nation ». Et c'est le monument emblématique d'Abu Dhabi. L'architecture de la Grande Mosquée, construite en 2007, fascine : sa blancheur est lumineuse et éblouissante sous le soleil des Émirats. Ébahissez-vous devant ses quatre minarets, ses mille colonnes, ses bassins et ses 82 dômes. Le plus important se trouve au centre de la salle de prière principale. Il est en marbre blanc pur, surplombé par une couronne en forme d'oignon et des croissants de lune décorés à l'aide de mosaïques d'or. Il abrite le plus grand lustre du monde, qui pèse près de douze tonnes. L'intérieur est constitué de marbre et de décors ornés d'or, de pierres semi-précieuses et de mosaïques. Il contient également six autres lustres de cristal admirables. La salle de prière peut accueillir près de 40 000 fidèles... Regardez d'ailleurs le tapis persan qui s'y trouve : avec ses 5 627 m², c'est le plus grand tapis fait main au monde (là encore !). Il aura nécessité plus d'un an et 1200 artisans pour le réaliser. Un conseil, rendez-vous à la mosquée lors du coucher du soleil, quand la lumière rose orangé imprègne le marbre blanc. À la tombée de la nuit, ne manquez pas son illumination « lunaire » (grâce à un système d'éclairage unique conçu pour refléter les phases de la Lune).

Sheikh Zayed Grand Mosque

**Al Maqta Bridge, entre Sheikh Rashid Bin Saeed Al Maktoum Street et Al Khaleej Al Arabi Street • ☎ 02 441 6444 et 02 419 1919 • www.szgmc.gov.ae • Sam.-jeu. 9h-22h, ven. 16h30-22h • Accès libre ; *abaya* fournie aux femmes, pantalon conseillé pour les hommes • Visite guidée gratuite en anglais de 45 min (résa sur le site internet conseillée) • Évitez la foule du ven. et sam.**

### ❷ ZAYED HERITAGE CENTRE★★

Ce musée à l'architecture typique rend hommage au Sheikh Zayed, qui initia l'union des émirats

Sheikh Zayed Grand Mosque

(1971) et les politiques locales modernes. Parfait pour une sortie en famille ; les enfants adorent la salle des archives de la police, les dernières voitures favorites du leader et les cadeaux insolites reçus au cours des visites officielles. Café offert à la sortie.
**92, Al Quffal Street, Al Bateen Marina • ☎ 02 665 9555 • Dim.-jeu. 7h30-14h30 • Accès libre.**

## ❸ EMIRATES PALACE★★★

Vous l'avez peut-être vu dans *Sex & the City 2* ? Il faut pénétrer dans ce somptueux hôtel 7-étoiles, et parcourir les jardins aux fontaines ainsi que l'intérieur avec ses galeries d'or et de cristal. Dans ce haut lieu de la capitale, les habitants s'arrêtent en voiture de luxe et même parfois en hélicoptère. Il ne s'agit pas uniquement d'un hôtel puisqu'on y découvre un choix important d'activités diverses : expositions, concerts... Il permet de jolies prises de vue du palais et des alentours, notamment des Etihad Towers qui lui font face.
**Corniche Road West, Al Ras Al Akhdar • ☎ 02 690 9000 • www.kempinski.com • Accès libre.**

## ❹ HERITAGE VILLAGE★

Point de rendez-vous des touristes, cette reconstitution de village

### Pause Tashas

Lancé à Johannesburg, le premier restaurant Tashas s'est depuis métamorphosé en une véritable flotte. Une success story à la recette magique : ne rien préparer ni assaisonner à l'avance ! Un défi sans compromis relevé haut la main par une femme passionnée de cuisine et de beaux espaces. Jolie situation (devant la mer !), mariage incisif de saveurs et plats gourmands en diable, Tashas a tout pour plaire !

**● 77 • Unit B02 Cafe, Marsa, Al Bateen, en face de Zayed Heritage Centre • ☎ 02 445 0890 • www.tashascafe.com • T.l.j. 8h-minuit • *Spinach & feta hummus* : 47 Dhs ; *cranberry seed salad* : 58 Dhs.**

bédouin est surtout l'occasion de faire de belles photos et de voir quelques artisans à l'œuvre. Le petit musée est assez poussiéreux et l'aménagement des allées un peu surfait. Mais alors, pourquoi s'y rendre ? La vue, toujours elle ! Le panorama sur la corniche, dont les buildings contrastent avec les bateaux en bois amarrés à la rive, vaut la peine de s'y arrêter.
**Corniche Breakwater (prendre la jetée routière) ; à côté du Marina Mall • ☎ 02 681 4455 • www.visitabudhabi.ae • Sam.-jeu. 9h-16h, ven. 15h30-21h • Accès libre.**

## ❺ QASR AL HOSN★★★

C'est ici que tout a commencé ! Une tour de guet et des remparts bâtis vers 1790 protégeant les quelques biens d'une tribu nomade originaire de Liwa, les Bani Yas (ancêtres des Al Nahyan). Devenu le fief de cette puissante famille, le fort ancestral *(hosn)* fut progressivement agrandi, hébergeant successivement le siège du gouvernement, un conseil consultatif et les archives nationales. Depuis l'achèvement de la restauration en 2018, les visiteurs peuvent pénétrer dans ce bâtiment exceptionnel composé d'un palais intérieur et extérieur. Autour d'une scénographie remarquable, ce bijou du patrimoine local conte l'histoire et l'évolution d'Abu Dhabi. Une maison des artisans et une fondation culturelle (dont une librairie et un théâtre) sont aussi ouvertes au public pour achever cette superbe visite.
**Sheikh Rashid Bin Saeed Al Maktoum**

Emirates Palace

**Street • ☎ 02 697 6400 • www.qasralhosn.ae • Sam-jeu 9h-19h, ven. 12h-22h • Entrée : 30 Dhs • Fondation culturelle : entrée libre.**

## ❻ FOUNDER'S MEMORIAL*

L'année 2018 a marqué le 100e anniversaire de la naissance de Sheikh Zayed bin Sultan Al Nahyan, le père fondateur des ÉAU. Le mémorial rend hommage à l'homme visionnaire, évoquant le personnage à travers des citations et des anecdotes. Les jardins du patrimoine et du sanctuaire entourent la pièce maîtresse de la visite, une œuvre monumentale (30 m de haut) de l'artiste Ralph Helmick. *The Constellation*, composé de 1327 formes géométriques suspendues dans les airs, révèle, surtout la nuit venue, un portrait tridimensionnel du Sheikh.

**Accès par la 18th Street ou à pied depuis la corniche • ☎ 02 410 0100 • www.thefoundersmemorial.ae • T.l.j. 9h-22h • Entrée libre • Résa en ligne pour une visite guidée gratuite (30 min).**

## ❼ WAHAT AL KARAMA*

Wahat Al Karama, « oasis de la dignité », honore les braves tombés pour leur patrie. Réalisé par l'artiste Idris Khan, le mémorial a reçu l'un des prix 2017 de l'American Architecture Prize, une prestigieuse distinction. Le monument de 90 m de long est formé de 31 tablettes massives, ciselées de poèmes. Adossées les unes aux autres comme dans un château de cartes, elles symbolisent le soutien de la nation et de l'armée aux familles de ceux qui sont partis. Un pavillon d'honneur commémore aussi ces héros.

**3rd Street, Khor Al Maqta ; en face de Sheikh Zayed Grand Mosque • ☎ 02 668 1000 • www.wahatalkarama.ae • T.l.j. 9h-22h • Entrée libre.**

## ❽ MANGROVE NATIONAL PARK**

Les mangroves, constituées d'halophytes (plantes vivant dans l'eau salée), participent à la protection naturelle d'un habitat dense. Un écosystème indispensable pour préserver

Wahat Al Karama

Mangrove National Park

la biodiversité côtière, favoriser la nidification et lutter contre le réchauffement climatique. Il existe 70 km$^2$ de ces poumons marins à Abu Dhabi. Le parc national, en plein cœur de la cité, compte plus de 19 km$^2$ de forêts avec une concentration exceptionnelle de palétuviers, oiseaux et espèces indigènes. Un refuge de tranquillité à découvrir en pagayant.

**Eastern Mangroves, Sheikh Zayed Bin Sultan Street ; à côté de l'hôtel Eastern Mangroves Hotel and Spa by Anantara • ☎ 02 445 4777 • www.ead.ae • T.l.j. 10h-minuit • Entrée libre.**

## ❾ THE CORNICHE★★

Bien avant que la péninsule n'étende son emprise sur les îles de Yas et Saadiyat, la corniche d'Abu Dhabi était *the place to be*. La route de 8 km, bordant les trois sections de plage, a depuis multiplié ses voies, mais l'attrait de cette longue promenade est toujours irrésistible et sa fréquentation atteint des pics les jours de week-end. Location de vélos, voies piétonnes, équipements sportifs, cafés... impossible de dresser la liste tant il y a à faire.

**Corniche Road • Entrée libre sur les plages publiques ; 10 Dhs pour les sections privatives (familles, célibataires).**

## ❿ EMIRATI HOUSE EXPERIENCE★★★

Un dîner chez des Émiriens... Maitha Essa vous invite à un repas (à même le sol) pour vous initier à l'hospitalité et à l'étiquette de la culture locale. Les visiteurs sont souvent ébahis par l'opulence, la sécurité, la propreté et les infrastructures des ÉAU. Les préjugés sur le monde arabe ont la vie dure. Maitha dissipe les doutes et les idées reçues, sur la

femme émirienne notamment. Vous apprendrez pourquoi les hommes s'abordent nez contre nez, comment saluer une femme ou encore l'évolution des mœurs à propos des unions. Une immersion inédite, sans langue de bois et résolument contemporaine.
**Point de rdv : Mazyad Mall, quartier Mohammad Bin Zayed City • www.visitabudhabi.ae • Dim., mar. et jeu. 18h-21h30 • Tarif adulte : 450 Dhs, 10-16 ans : 200 Dhs (de 1 à 5 pers.) • Résa en ligne indispensable.**

### ⓫ QASR AL WATAN★★

Qasr Al Watan, « palais de la nation », est une borne lumineuse et culturelle soulignant la contribution du monde arabe aux domaines des arts, des sciences et de la littérature. Le palais, au style arabe traditionnel, a été érigé récemment dans les jardins présidentiels. Les salles, vastes et raffinées, parfois ornementées d'or, donnent un aperçu de l'héritage et de la vision de ses leaders pour façonner la nation vers de plus hauts sommets. Le soir, un spectacle sons et lumières embrase sa façade, une histoire en trois actes : passé, présent et futur.
**Corniche Road, Al Ras Al Akhdar • ☎ 0600 544 442 • www.qasralwatan.ae • T.l.j. 10-20h ; sons et lumières « Palace in Motion » t.l.j. à 19h30 (durée 15 min) • Entrée palais + jardin : 60 Dhs ; jardin seul : 25 Dhs (visite guidée toutes les 30 min, rajouter 30 Dhs/pers.)**

## Yas et Saadiyat Islands

### ⓬ YAS MARINA CIRCUIT★

Depuis 2009, ce circuit accueille des courses automobiles et surtout le Grand Prix de Formule 1 (voir p. 19). Les passionnés pourront le visiter (65 Dhs) ou devenir passager embarqué. Les plus chevronnés suivront au volant de bolides les traces de leur pilote favori (à partir de 1 575 Dhs). Au milieu du circuit, le Yas Viceroy Hotel s'habille de lumière le soir et offre un intérieur ultra-design.
**Yas Island ; suivre le panneau bleu « Yas Leisure Drive » • ☎ 02 659 9800 • www.yasmarinacircuit.com • T.l.j., horaires variables selon la formule choisie (résa sur le site Internet ou par tél.).**

### ⓭ YAS LEISURE LAND★★

L'île de Yas se positionne fièrement comme l'eldorado des divertissements. Trois parcs à thème rivalisent d'imagination pour épater la galerie. **Ferrari World** fait vibrer les fans de Fangio (ne ratez pas Formula Rossa, vitesse de pointe à 240 km/h). **Yas Waterworld** est un paradis aquatique avec 43 attractions, quatre zones de baignade délirantes dont une réservée aux plus jeunes. Et depuis 2018,

**Warner Bros** vous immerge dans six mondes merveilleux pour une régression infantile jubilatoire, truffés de superhéros DC Comics et de toons survoltés.

Yas Island ; suivre le panneau bleu « Yas Leisure Land » • ☎ 0600 511 115

**Ferrari World :** www.ferrariworldabudhabi.com • T.l.j. 11h-20h • Entrée : 295 Dhs ; enfant : 230 Dhs.

**Yas Waterworld :** www.yaswaterworld.com • T.l.j. 10h-19h • Entrée : 250 Dhs ; enfant : 210 Dhs.

**Warner Bros World Abu Dhabi :** www.wbworldabudhabi.com • T.l.j. 10h-20h • Entrée adulte : à partir de 295 Dhs ; enfant : à partir de 230 Dhs.

## ⑭ LOUVRE ABU DHABI★★★

Inauguré en 2017, c'est le premier musée universel du Moyen-Orient. Il concrétise la coopération culturelle souhaitée entre la France et les ÉAU dans un accord signé en 2007. La collection, qui a pour but de partager la mémoire de l'humanité et de favoriser le dialogue culturel, présente

Louvre Abu Dhabi

des œuvres de l'Antiquité au XXe s. *The Grand Vestibule,* l'antichambre de l'exposition, souligne les similarités entre les premières civilisations autour des mêmes thèmes de préoccupation : fécondité, accès à l'eau, repos éternel... Puis douze galeries suivent le fil de l'histoire comme un métronome du temps. Quelques ouvertures, ici et là, dévoilent progressivement le somptueux bâtiment de l'architecte Jean Nouvel. La sortie est théâtrale, vers le golfe Persique et le dôme de la superstructure, un tissage d'acier de 7 500 tonnes transpercé d'une pluie de lumière. Des expositions temporaires viennent aussi compléter cette collection.

**Saadiyat cultural district, Saadiyat Island • ☎ 0600 56 55 66 • www.louvreabudhabi.ae • Sam.-dim., mar.-mer. 10h-20h, jeu.-ven. 10h-22h • Entrée : 63 Dhs • Kayak autour du musée : ven.-sam. 10h-17h, 120 Dhs.**

## ⓯ MANARAT AL SAADIYAT**

C'est l'espace d'exposition et de conférences de Saadiyat. Ne vous fiez pas à sa façade longiligne un peu austère qui contraste avec son voisin, le pavillon émirien de l'Exposition universelle de Shanghai en 2010 (reconstruit à l'identique).

### Pause design au restaurant Larte

Pour vous accueillir, un air de jazz, des chaises de designers italiens suspendues au plafond et un gorille rouge à l'air menaçant... Dissimulée à l'intérieur de Manarat Al Saadiyat, la cantine chic décontractée aux couleurs pop est un havre de paix chaleureux avec en prime une terrasse entourée de verdure. Commandez l'excellent tartare de loup de mer (60 Dhs) accompagné d'un verre de Pinot Grigio (45 Dhs).

**● 78 • Saadiyat Island, Manarat Al Saadiyat, Saadiyat cultural district • ☎ 02 657 5888 • www.larte.ae • Dim.-jeu. 8h-23h, ven.-sam. 10h-23h.**

Saadiyat Public Beach

Expos, concerts, ateliers, cinéma et de nombreuses activités animent le lieu tout au long des saisons. Chaque année s'y tient l'Abu Dhabi Art Fair (voir p. 19).
**Saadiyat cultural district, Saadiyat Island • ☎ 02 657 5800 • http://manaratalsaadiyat.ae • T.l.j. 9h-20h • Accès libre.**

## ⑯ SALWA ZEIDAN GALLERY**

Après avoir ouvert en 1994 la première galerie d'art contemporain d'Abu Dhabi, il était naturel pour l'artiste et conservatrice libanaise Salwa Zeidan de s'installer sur l'île de l'art et de la culture. La galerie expose des sculptures de Salwa, ainsi que celles d'autres talents locaux et internationaux.
**Saint Regis Hotel Resort, space 22 « The Collection », Saadiyat Island • ☎ 02 666 9656 • www.salwazeidangallery.com • Sam.-jeu. 11h-22h, ven. sur rdv.**

## ⑰ SAADIYAT PUBLIC BEACH**

Il se murmure que c'est la plus belle plage des Émirats. Paradis des tortues dans une eau aux camaïeux de bleus, les herbes des dunes se balancent furtivement dans la brise comme du blé vert. Les autorités locales protègent jalousement la vaste étendue de sable blanc (9 km) à l'environnement préservé. Deux options possibles, une plage vierge à gauche ; à droite, transats et parasols. Le must, un cours de yoga sur le sable fin pour connecter ses sept chakras !
**Saadiyat Island ; juste après le Park Hyatt • www.bakeuae.com • T.l.j. 9h-coucher de soleil • Accès sans transat : 25 Dhs, enfant 15 Dhs ; transat : dim.-mer. 52,50 Dhs, ven.-sam. 78,75 Dhs.**

# Abu Dhabi

**Abu Dhabi est la capitale des ÉAU. C'est l'émirat le plus grand (87 % de la superficie totale) et le plus riche, notamment grâce à ses immenses réserves de pétrole. Il est tellement puissant qu'il finance parfois les importants travaux des autres émirats, comme le Burj Khalifa. Cette jolie ville verte et distinctement arabe a longtemps vécu dans l'ombre de Dubaï et de ses tours démesurées. Aujourd'hui, Abu Dhabi n'a plus rien à envier à sa voisine et scintille bien au-delà des dunes du désert. La ville entreprend, depuis quelques années, des chantiers prodigieusement ambitieux... tout en conservant son âme émirienne.**

## DES DÉBUTS MODESTES

Il y a 250 ans, la **tribu des Bani Yas** vivait principalement dans les oasis de Liwa. Vivant au gré des saisons, ils changeaient de campement pour vendre les récoltes de dattes, toujours à l'affût de nouvelles pâtures et de points d'eau. La légende raconte qu'un groupe de chasseurs qui pistait une *dhabi* découvrit un puits d'eau douce sur une île. Ainsi naquit *Abou Dhabi,* « père de la gazelle ». Vers 1760, **Sheikh Dhiyab bin Issa** décida d'établir un campement permanent dans la péninsule. Il assura ainsi une ressource précieuse pour le clan, eau et réserve de pêche inépuisable. Les bédouins, nomades par nature, voyageaient toujours beaucoup. Afin de protéger les installations, ils bâtirent alors un fort, **Al Hosn.** Un tournant décisif dans l'histoire de l'émirat qui permit ainsi à la tribu, ancêtre des Al Nahyan, d'acquérir de l'influence politique et économique.

Abu Dhabi

## UNE MONTÉE EN PUISSANCE TARDIVE

En 1793, c'était un simple village de pêcheurs comprenant un fort, quelques bâtiments de corail et une poignée de huttes en *barasti* (feuilles de palmiers). Le reste de l'émirat était dominé par le désert, parsemé d'oasis comme celles d'Al Ain et de Liwa, au sud. À l'instar de la famille Al Maktoum à Dubaï, les Al Nahyan développèrent alors le commerce du textile et l'industrie perlière. La **ville s'enrichit considérablement à la fin du XIX$^{e}$ s.,** durant l'âge d'or du commerce de la perle. Quand cette activité lucrative s'effondra, en 1926-1929, l'économie d'Abu Dhabi en fut durement affectée et son aura amoindrie. En 1958, les **premiers gisements de pétrole** furent découverts. En 1966, le **Sheikh Zayed** organisa un coup d'État contre son frère, jugé incompétent. Il prit le pouvoir et profita de la découverte de l'or noir pour faire construire toutes les infrastructures nécessaires au développement d'un État moderne. Il devint aussi le principal acteur de la création des ÉAU : il fut élu président, et le resta jusqu'à sa mort en novembre 2004. Sheikh Khalifa II bin Zayed Al Nahyan, son fils aîné, prit sa suite.

Sheikh Zayed Grand Mosque

## LE MÉCÈNE DE LA CULTURE MONDIALE

La cité s'est dotée d'**importantes structures de loisirs** sur Yas Island, qui rivalisent sans complexe avec celles de Dubaï : un circuit de Formule 1 (p. 96), d'immenses parcs à thème (p. 96), une salle de concerts (p. 159), etc. La ville, elle, s'est refait une beauté : une corniche réaménagée, une mosquée fascinante où repose Sheikh Zayed (p. 91)..., tout en conservant son patrimoine, Qasr Al Hosn (p. 93). Ces dernières années, Abu Dhabi a surtout investi massivement dans l'éducation, la culture et même l'**environnement.** Saadiyat Island « l'île du bonheur » concentre cette nouvelle ambition. Elle accueille le Manarat Al Saadiyat (p. 98), UAE Pavilion et bien sûr son fer de lance au succès retentissant, le Louvre Abu Dhabi (p. 97). Dans les cartons, de **nombreux projets** sont en cours avec toujours les plus grands architectes aux commandes : le Zayed National Museum (lord Norman Foster), le Guggenheim Abu Dhabi (Frank Gehry), le Maritime Museum (Tadao Ando) et The Performing Arts Centre (Zaha Hadid). Enfin, la ville pilote Masdar City est la première communauté urbaine durable au monde, elle soutient la transition des ÉAU vers les énergies propres et la diversification de son économie future. Pianotez quelques-uns de ces noms sur un moteur de recherche vous verrez, c'est étourdissant !

# Restos & bistrots

## PAR QUARTIER

# Les coups de cœur DE NOTRE AUTEUR

**Street food, cuisine du monde, cuisine orientale... Dubaï est une ville où se régaler, face à la mer ou la *creek*, devant le Burj al-Arab ou la *skyline* au coucher du soleil. Parmi les lieux qu'Émilie a testés, voici ses préférés.**

## SINGLE FIN AT THE SURF HOUSE

Le café décontracté de la célèbre Surf House, où j'ai l'impression de glisser sur la vague ! Voir p. 120.

## TASHAS

Je suis une obsessionnelle des beaux endroits et des assiettes généreuses, sans engloutir le livret A ! Voir p. 92.

## PAI THAI

Pour l'arrivée romantique en *abra* et le riz gluant cuit dans une feuille de banane... Magique ! Voir p. 121.

## FISH BEACH TAVERNA

Les pieds dans le sable sous des guirlandes illuminées, j'y vais pour voir le soleil piquer un fard. Voir p. 125.

## KULTURE HOUSE

C'est mon nouveau QG, un rien sophistiqué, pour paresser en sirotant un thé Ginger Breeze. Voir p. 117.

## FARZI CAFÉ

En rêve, je dérobe le grimoire du chef et je raconte à tous que c'est moi le sorcier de cette envoûtante table indienne. Voir p. 119.

Farzi

# À SAVOIR

## AU MENU

À Dubaï, les **cuisines du monde sont à l'honneur,** à l'image des nationalités qui y cohabitent. Sur le pouce, brunch à volonté ou expérience gastronomique, vous trouverez une variété de saveurs infinies. La cuisine émirienne s'inspire largement de ses voisins (Inde, Iran, Liban), reflétant l'influence des populations migratoires. Au menu, des *biryanis,* des mezze et des desserts à base de dattes (*luqaimat, mohalla*). La **viande et le lait de dromadaire** restent la curiosité culinaire. Enfin le rituel du **café,** souvent épicé, est bien ancré dans la culture traditionnelle qu'il est souhaitable d'honorer si vous y êtes convié.

## EN PRATIQUE

La majorité des restaurants sont situés dans les malls et les hôtels, mais les temps changent et les enclaves branchées fleurissent. **Le service se fait souvent en continu.** Dans les lieux prisés, une **tenue correcte est exigée** et **la réservation conseillée,** surtout le week-end (jeudi et vendredi soir). Il existe souvent des zones fumeurs et les autorités ont élargi les zones de licence d'**alcool,** initialement cantonnées aux hôtels ou à DIFC. Attention, il y a une tolérance zéro au volant. En période de ramadan, peu de restaurants sont ouverts la journée ; il est interdit de boire ou manger en public. L'**eau du robinet** (dessalée) est potable, son goût est cependant peu engageant.

## LES TARIFS

Les **petits budgets** exploreront les vieux quartiers de Dubaï, où la cuisine cosmopolite proposée est peu chère (10-15 Dhs). Les malls disposent de *food courts,* des comptoirs de restauration rapide (env. 40 Dhs). Un repas dans un **restaurant moyen de gamme** coûte 150 Dhs par pers., tandis que dans un **établissement chic,** les prix peuvent s'envoler (min. 300 Dhs par pers.). Sachez enfin que les eaux importées et l'alcool augmentent vite la note finale.

**SE REPÉRER**

**Chaque adresse de restaurant est associée à une pastille orange numérotée. Vous retrouverez toutes les adresses positionnées sur le plan détachable.**

# Restos & bistrots
# PAR QUARTIER

## Bur Dubai (Quartier 1 - p. 24)

### ARABIAN TEA HOUSE CAFE
**Salon de thé** ① Plan H7

Une pause pleine de charme, au cœur du quartier de Al Bastakiya. Régalez-vous, pour le déjeuner, d'une salade copieuse, d'un sandwich, et sirotez un thé ou un jus de menthe frais. L'ambiance y est paisible. Les voilages suspendus dans la jolie cour donnent une atmosphère un peu bohème au lieu, fréquenté par de nombreux habitués. Idéal après la visite du Dubai Museum situé juste à côté.

**Al Fahidi Street, face au Musallah Post Office • M° Al Fahidi • ☎ 04 353 5071 • www.arabianteahouse.net • T.l.j. 7h30-22h • Salade : à partir de 31,50 Dhs ; sandwich : à partir de 33,60 Dhs.**

### Taxes et pourboires

Il existe une taxe municipale de 10 %, une TVA de 5 % et 10 % pour le service (pas toujours reversé !). Vérifiez que les prix affichés sur la carte incluent ces taxes, car ce n'est pas toujours le cas. Il est courant de laisser un pourboire pour le service (env. 10 %), souvent de qualité. La carte bancaire est acceptée presque partout, mais prévoyez des espèces pour les échoppes des souks ou de Satwa.

### LOCAL HOUSE
**Émirien** ② Plan H7

On s'arrête ici pour savourer la cuisine locale au calme dans une demeure émirienne bien restaurée. Les plus curieux pourront goûter à la spécialité du lieu, le hamburger de dromadaire, viande très peu grasse mais goûteuse ! On y trouve aussi de copieux *biryanis*. En dessert, commandez les délicieux *luqaimat*, beignets traditionnels au sirop de dattes.

**House 51, Al Fahidi Street / Al Musallah Road • M° Al Fahidi • ☎ 04 354 0705 • T.l.j. 10h-22h • Entrée : à partir de 20 Dhs ; plat : env. 40 Dhs.**

### GOLDEN FISH RESTAURANT
**Poisson** ③ Plan G7

Pour tous les amoureux du poisson, ce restaurant perse à prix très attractifs propose aussi des plats libanais et internationaux. Dans une ambiance populaire et sans fioritures, avec une vue magnifique sur la *creek*, vous pourrez également fumer le narguilé.

Barjeel Al Arab

Sur la *creek*, à côté de l'agence HSBC • M° Al Ghubaiba • ☎ 04 327 7355 • T.l.j. 11h-2h • Entrée : à partir de 20 Dhs ; plat de fruits de mer : 35 Dhs.

## BAYT AL WAKEEL
**Oriental** ④ Plan G7

Cette maison datant de 1935 fut le premier centre de négoce de la ville. Elle est aujourd'hui protégée par la direction du patrimoine. Prenez place sur la terrasse idéalement située au bord de la *creek*. Commandez le crabe grillé (65 Dhs). Souvent comble le midi.

Souk Al Kabeer, sur la *creek* proche de Dubai Old Souk Abra Station • M° Al Ghubaiba • ☎ 04 353 0530 • www.wakeel.ae • T.l.j. 12h-minuit • Plat : env. 70 Dhs.

## BARJEEL AL ARAB
**Émirien** ⑤ Plan G7

Cette maison traditionnelle à l'architecture perse ouverte au public en 2013 vous offrira un menu de mets locaux traditionnels à des prix très corrects. Montez à l'étage sur la terrasse pour le panorama encore plus sympathique.

Barjeel Heritage Guest House, Al Ghubaiba Road • M° Al Ghubaiba • ☎ 04 354 4424 • T.l.j. 11h30-minuit • Kebab Jamal Wrap : 45 Dhs ; jus de fruits : 25 Dhs.

## AL FANAR
**Émirien** ⑥ Plan H7

Retour dans les années 1960, face à la *creek*, dans un cadre qui évoque, par une mise en scène et le décor, cette époque où Dubaï n'était qu'une petite ville au bord du golfe Arabique. La cuisine est simple et délicate.

Unit P3-07-02, Al Seef • M° Al Fahidi • ☎ 04 396 6669 • www.alfanar restaurant.com • T.l.j. 8h30-23h • Plat : env. 65 Dhs.

### VOIR AUSSI :

**XVA Gallery Art Café | p. 26**
| ⑦ Plan H7

**Mazmi Coffee & More | p. 31**
| ⑧ Plan G-H7

## Deira (Quartier 2 - p. 36)

### NOÉPE
**Romantique** ⑨ Plan E1

Un aller simple pour Cape Cod, la péninsule estivale et glamour de la Nouvelle-Angleterre. Sur le belvédère de cette maison blanche à l'esprit colonial, c'est une échappée inattendue. Le filet de cabillaud au beurre citronné est un choix avisé (105 Dhs). Le mardi soir, le vin est offert aux dames. Allez-y bien habillé mais pas affamé.

The promenade, Park Hyatt Dubai • M° GGICO • ☎ 04 602 1814 • www.noepe.thepromenadedxb.com • Dim.-jeu. 12h30-2h, ven.-sam. 8h-23h30 • Licence d'alcool.

**VOIR AUSSI :**

**Pause dans les souks | p. 39 | ⑩ Plan H6**

## DIFC et Zabeel (Quartier 3 - p. 42)

### LA PETITE MAISON
**Brasserie française** ⑪ Plan D2

Brasserie française la plus prestigieuse de Dubaï, au succès jamais démenti depuis son ouverture. Dans une ambiance et un décor typiquement parisiens, parfois bruyant, vous dégusterez des plats divins d'inspiration

Noépe

# Nos meilleurs RESTAURANTS ORIENTAUX

**Dubaï est reconnue pour sa diversité et ses influences culturelles régionales. Voici un tour de table de la crème orientale.**

## ZAYTONI

Un peu d'Arménie, un peu de Liban pour une valse généreuse et appétissante. Voir p. 120, **Jumeirah et Umm Suqeim.**

## AL SAFADI

Le summum : les feuilles de pissenlit Hendbeh et le tartare au bourghol Raw Kebbe. Voir p. 111, **DIFC.**

## AL FALAMANKI

Les classiques de la cuisine libanaise et un hommage à l'homme qui a conquis Hollywood. Voir p. 118, **Jumeirah et Satwa.**

## AL FANAR

La cuisine émirienne du temps où les bédouins importaient des épices et les échangeaient contre des perles. Voir p. 106, **Bur Dubai.**

## ABD EL WAHAB

Pour être aux premières loges du spectacle des fontaines tout en dégustant une cuisine authentique. Voir p. 111, **Downtown.**

Al Falamanki

méditerranéenne préparés avec des produits frais du marché. Quelques musts à tester : la *burrata* et tomates (110 Dhs) et le loup de mer en croûte de sel (290 Dhs).
**Gate Village 8 • M° Emirates Towers • ☎ 04 439 0505 • www.lpmlondon.co.uk • T.l.j. 12h-15h30 et 19h-23h30 • Licence d'alcool • Résa au moins 1 semaine avant • Tenue correcte exigée.**

## BB SOCIAL DINING
**Fusion** ⑫ Plan D2

Cette adresse remarquée de DIFC est un point de rendez-vous social et chaleureux qui, paradoxalement, se calfeutre discrètement à l'abri des regards. Tout en escaliers et recoins, chaque niveau courtise les envies (terrasse, lounge, bar) et la carte joue les intrigantes « arabo-latino » avec des *buns*, *bowls*, *bites* et BBQ. Le tout est merveilleusement bon.
**Gate Village 8, à côté du Four Seasons Hotel • M° Emirates Towers • 04 407 4444 • www.thisisbb.com • Sam.-mer. 12h-minuit, jeu.-ven. 12h-1h • *Cauliflower popcorn* : 37 Dhs • Licence d'alcool.**

## ZUMA
**Japonais** ⑬ Plan D2

La réputation de cet immense restaurant-bar japonais sur deux étages n'est plus à faire. Il est connu pour ses lunchs d'affaires, mais aussi pour son ambiance plus mixte et très en vogue les soirs de week-end avec son magnifique bar à saké. À la carte, sushis et sashimis, mais le bon plan reste le menu express du midi à 76 Dhs avec sa *miso soup*.
**Gate Village 6 • M° Emirates Towers • ☎ 04 425 5660 • www.zumarestaurant.com • Sam.-mar. 12h-15h30 et 19h-minuit, mer. 19h-minuit, jeu.-ven. 12h30-15h30 et 19h-1h • Résa conseillée • Licence d'alcool.**

## HOI AN
**Vietnamien** ⑭ Plan D2

Voici un authentique restaurant de cuisine vietnamienne avec une touche contemporaine. Ambiance coloniale feutrée et service de qualité. Choisissez l'un des nombreux menus pour avoir une variété de plats et de saveurs. À la carte, goûtez le *pho* (65-115 Dhs) ou le *cari* à base de curry rouge, de basilic et de lait de coco (104 Dhs). Vous ne serez pas déçu.
**Shangri-La Hotel, level 1, Sheikh Zayed Road • M° Financial Centre • ☎ 04 405 2703 • www.shangri-la.com • T.l.j. 19h-minuit • Menu : 285 Dhs • Licence d'alcool.**

## WAGAMAMA
**Japonais** ⑮ Plan D2

On y mange assis sur les bancs d'une grande table conviviale. Un restaurant japonais et *noodle bar* dont on aime le service rapide et la vue sur les cuisines ouvertes. Les plats sont bons, copieux et à des prix très raisonnables.
**Crowne Plaza Hotel, Sheikh Zayed Road • M° Emirates Towers • ☎ 04 305 6060 • www.wagamama.ae • T.l.j. 12h-minuit • Plat, wok : à partir de 40 Dhs • Licence d'alcool.**

# Notre top street food
## ET PETITS PRIX

**Voici nos meilleures adresses savoureuses pour vous permettre de manger sur le pouce, sans vous ruiner, dans de magnifiques décors... ou sans paillettes !**

### RAJU OMLET

Des œufs à toutes les sauces (et plus encore...) dans un décor rétro Bollywoodien. Voir p. 123, **Al Quoz.**

Raju Omlet

### DIN TAI FUNG

L'institution taïwanaise où tout le monde se presse, quitte à faire le pied de grue ! Voir p. 126, **Dubai Marina et JBR.**

### RAVI

Le boui-boui pakistanais sans fioritures qui ravit toutes les communautés, même les plus endimanchées. Voir p. 54, **Jumeirah et Satwa.**

Ravi

### SALT

Petits burgers à la texture fondante, frites maison, food-trucks et terrasse-transat. Un pur bonheur ! Voir p. 60, **Jumeirah et Umm Suqeim.**

### BONNA ANNE

Une terre d'asile délicieuse à l'hospitalité sans pareille. Bienvenue en Éthiopie ! Voir p. 128, **Abu Dhabi.**

### AL MALLAH

Un fast-food shawarma falafel connu comme le loup blanc, un vrai régal. Voir p. 115, **Jumeirah et Satwa.**

**AL SAFADI**
**Libanais** ⑯ Plan D2

Le signe qui ne trompe pas, le nombre de têtes portant les coiffes typiques du Moyen-Orient, dont le *gutrah* (ou keffieh) - le foulard des hommes émiriens. Une renommée bien méritée pour cet excellentissime restaurant libanais dans un cadre pourtant invisible. La carte est un classique du genre (vous mangez ce que vous voyez), l'attente plutôt express et les prix très honorables.

**Sheik Zayed Road, non loin du Dusit Thani Dubai Hotel • M° Financial Center • ☎ 04 343 5333 • www.alsafadi.ae • T.l.j. 8h-1h • Entrée et plat : à partir de 12 Dhs.**

**VOIR AUSSI :**

**Projeto Açaí I p. 44 I ⑰ Plan D2**

## Downtown Dubai et le Burj Khalifa (Quartier 4 - p. 46)

**KANPAI**
**Japonais** ⑱ Zoom Downtown Dubai

Avec une jolie vue dominante sur les fontaines, ce restaurant propose des mets que les *sushi lovers* apprécieront. Une atmosphère cosy et colorée, pour dîner en tête à tête ou avec vos amis.

**Souk Al Bahar, level 3 • M° Burj Khalifa / Dubai Mall • ☎ 04 441 9262 • www.kanpaime.com • T.l.j. 12h-2h • Kanpai sushi menu : 59 Dhs ; plat : env. 125 Dhs • Licence d'alcool.**

**ABD EL WAHAB**
**Libanais** ⑲ Zoom Downtown Dubai

Voici un restaurant où dîner pour être aux premières loges du spectacle des fontaines. Commandez les yeux fermés des mezze, des viandes grillées, un jus frais citron-menthe ou un thé, et finissez avec un *mouhalabieh* ou un *umm ali*, deux délicieux desserts

### Balades gastronomiques

**Frying Pan Adventures** propose des tours culinaires en petits groupes tout au long de l'année, principalement dans le vieux Dubaï. Les circuits s'adaptent selon la chaleur du moment et le calendrier des fêtes religieuses. Vous aurez le choix entre plusieurs thématiques, comme Little India ou Middle Eastern Food Pilgrimage. Comptez 4h de découvertes culinaires.

**Informations et inscriptions : www.fryingpanadventures.com • À partir de 395 Dhs/pers., transport inclus.**

# Nos meilleurs CAFÉS

**Et si vous partiez à la découverte des maestros de la graine ensoleillée ? Torréfacteurs, coffee shops, comptoirs enjôleurs ou pauses petit déjeuner, ils se mettent tous sur leur trente-et-un pour une dégustation simple ou corsée.**

## COMPTOIR 102

Pour une halte locavore vitaminée... et repartir avec la crème des stars, Egyptian Magic. Voir p. 116, **Jumeirah et Satwa.**

## BOSTON LANE

Le plus charmant des qahwah australiens, niché au sein d'un collectif de créateurs engagés. Voir p. 65, **Al Quoz.**

## THE LIVING ROOM

Un café-salon saupoudré de barbe à papa et de délices veloutées ; agrémenté d'accessoires arabo-pop. p. 118, **Jumeirah et Satwa.**

## RAW COFFEE COMPANY

Ce torréfacteur éthique forme les *baristas* de demain et vous régale de ses arômes puissants. Voir p. 123, **Al Quoz.**

## THE SUM OF US

Une valeur sûre et un lieu branché pour les traders pressés du quartier, les dilettantes, les copains... Voir p. 114, **Jumeirah et Satwa.**

Boston Lane

typiquement arabes. Une cuisine libanaise plutôt fine et authentique, la viande fond dans la bouche.
**Souk Al Bahar, level 3 • M° Burj Khalifa / Dubai Mall • ☎ 04 423 0988 • www.soukalbahar.ae • T.l.j. 12h30-00h30 • Menu : 230 Dhs • Licence d'alcool • Résa conseillée.**

## WAFI GOURMET
**Libanais** ⑳ Zoom Downtown Dubai

Les amateurs de cuisine libanaise raffolent de ce célèbre restaurant. Une réputation méritée grâce à sa variété de mezze (*halloumi* 38 Dhs, *fattouch* 35 Dhs), brochettes et *shawarma*. Les gourmands opteront pour les pâtisseries maison (*mouhalabieh* 30 Dhs ou *knafa* 35 Dhs), les confiseries et les glaces. Sur place ou à emporter, laissez-vous tenter par les pyramides d'olives et le large choix de dattes et de miels.
**Dubai Mall, lower ground floor ; en face des fontaines • M° Burj Khalifa / Dubai Mall • ☎ 04 330 8297 • www.wafigourmet.com • T.l.j. 10h-1h • Plat : à partir de 72 Dhs.**

## ARABESQ SWEETS
**Confiserie, glaces** ㉑ Zoom Downtown Dubai

On est d'abord attiré par le son cadencé des pilons, qui s'abattent en rythme dans le bac en cuivre, nous guidant devant la boutique regorgeant de confiseries orientales. On se laisse séduire par ce goût unique de la *bakdash*

Wafi Gourmet

*booza* (1 boule à 25 Dhs), glace pilée, eau de rose, pistache.
**Dubai Mall, lower ground floor • M° Burj Khalifa / Dubai Mall • ☎ 04 325 3515 • www.arabesq.com • T.l.j. 10h-minuit.**

## ZETA
**Fusion** ㉒ Zoom Downtown Dubai

Le restaurant sophistiqué, à l'approche gastronomique « Asie-Cali », offre aux clients une perspective incomparable depuis sa terrasse sur les Dubai Fountains et le cyclorama du Burj Khalifa. Les saveurs sont à la hauteur du décor, les portions sont en revanche un peu frugales et la note finale assez salée. À tester malgré tout.
**Address Downtown Hotel, lobby level, Sheikh Mohammed Bin Rashed Boulevard • M° Burj Khalifa / Dubai Mall • ☎ 04 888 3444 • www.addresshotels.com • Sam.-mer. 16h-minuit, jeu.-ven. 16h-1h • *Edamame* : 35 Dhs ; *Wagyu Beef Tartare* : 120 Dhs • Licence d'alcool • Résa conseillée • *Dress code* chic.**

### MORIMOTO
**Japonais** ㉓ Plan D3

Masaharu Morimoto est la vedette de l'émission de cuisine japonaise *Iron Chef.* Le restaurant signature du chef étoilé est un *must do* à Dubaï aux 23e et 24e étages du Renaissance Downtown. Morimoto prend des libertés bien maîtrisées avec les traditions culinaires japonaises dans un cadre qui a tout pour plaire. Le plus dur est de choisir où s'attabler : comptoir à sushis, comptoir *teppanyaki*, dedans ou dehors avec une *wow-view.*
**Renaissance Downtown Hotel, Marasi Drive, Business Bay • M° Business Bay • ☎ 04 512 5577 • www.morimotodubai.com • Sam.-mer. 18h-1h, jeu.-ven. 18h-2h • *Spinach gyosa :* 50 Dhs ; *sushi mix :* à partir de 165 Dhs • Licence d'alcool • Résa conseillée.**

### AKIBA DORI
**Japonais fusion** ㉔ Plan E3

L'intérieur s'inspire de l'ambiance nocturne et électrique du quartier tokyoïte Akihabara : néons, arcade vidéo et chemin pavé à l'aspect détrempé. Ici, le plat signature est la pizza napolitaine version « tokyopolitan ». La pâte, plus légère et extensible, lève pendant 26 heures et cuit au feu de bois moins d'une minute à 500 °. Divine, la 5 Formaggi, arrosée d'un soupçon de miel (71 Dhs).
**Building 8 Unit 5, Dubai Design District • ☎ 04 770 7949 • www.akibadori.com • T.l.j. 12h-minuit • Licence d'alcool • Âge : + de 13 ans après 19h.**

### THE LIGHT HOUSE
**Méditerranéen** ㉕ Plan E3

C'est certainement la cantine la plus populaire de D3, le pôle créatif de la ville. Il faut donc parfois patienter... Malin, le coin boutique design vous occupera le cas échéant. Côté fourchette, c'est une cuisine méditerranéenne fraîche, simple et efficace avec une mention spéciale pour le ceviche de dorade (52 Dhs).
**À l'angle du Building 6, Dubai Design District • ☎ 04 422 6024 • www.thelighthouse.ae • Dim.-mer. 9h-16h15 et 18h30-21h45, jeu.-ven. 9h-16h15 et 18h30-22h45, sam. 9h-16h15 • Licence d'alcool.**

### VOIR AUSSI :
**Eataly** I **p. 50**
I ㉖ Zoom Downtown Dubai

## Jumeirah et Satwa (Quartier 5 - p. 52)

### THE SUM OF US
**Coffee shop** ㉗ Plan D2

C'est l'un des meilleurs cafés de la ville et aussi l'un des plus sympathiques. L'atelier de torréfaction, agrémenté d'une terrasse, ressemble à une usine réaménagée en loft avec un comptoir de boulanger et un kiosque à fleurs. Faut-il préciser que ça embaume délicieusement bon le café et le pain grillé sorti du four ? Pour manger un morceau, il y a aussi du choix à toutes les heures.

**Burj Al Salam, ground floor, 6th Street ; derrière The Sheraton Hotel • M° World Trade Centre • ☎ 056 445 7526 • www.thesumofusdubai.com • T.l.j. 8h-23h • Café : à partir de 16 Dhs.**

## NOODLE BOWL
**Asiatique** (28) Plan D1

Ce petit restaurant sans prétention prépare des paniers vapeur de *dim sum* (au poulet 18 Dhs), d'énormes assiettes de nouilles, des crêpes au canard croustillantes, mais aussi des plats thaïlandais et des salades asiatiques. Cuisine très bonne, généreuse et bon marché.

**Dune Center, 2nd December Street, • ☎ 04 345 3381 • T.l.j. 10h-minuit • *Noodles* : 36 Dhs.**

## AL MALLAH
**Sur le pouce** (29) Plan D1

Impossible de manquer sa façade illuminée ! Des modestes débuts en 1984, le bar à jus est devenu depuis LE fast-food libanais indéboulonnable. Pour un repas express à petit prix, une nourriture simple et populaire. Prenez un *shawarma* ou un falafel (ces plats sont servis uniquement à partir de 16h) et un jus de fruits frais, dans une ambiance de quartier animé peu touristique.

**2nd December Street • ☎ 04 398 4723 • www.almallahuae.com • T.l.j. 7h-minuit • Shawarma : 9 Dhs ; falafel : à partir de 1 Dhs la pièce.**

The Sum of Us

## THE LIME TREE CAFE & KITCHEN
**Sur le pouce** ㉚ Plan D2

C'est l'endroit *healthy* et branché, fréquenté par les résidents bobo-chic de Jumeirah. On s'y arrête volontiers avant d'aller à la plage pour un petit déjeuner, un café ou plus tard pour déjeuner. Une jolie cour, une terrasse ombragée à l'étage, des produits frais et sains, de délicieuses salades, tartes salées et sandwichs copieux.

**Jumeirah Road, Jumeirah 1 ; près de la Jumeirah Mosque • ☎ 04 325 6325 • www.thelimetreecafe.com • T.l.j. 7h30-18h • Thé : 12 Dhs ; jus de fruits : 26 Dhs.**

The Lime Tree Cafe & Kitchen

## LIFE'N ONE
**Sur le pouce** ㉛ Plan D2

C'est un repaire de yogis et adeptes de la philosophie zen en tout genre. Mais vous ne serez pas obligés de vous asseoir en lotus ni de prendre un abonnement pour vous prélasser dans le jardin secret situé à l'arrière de la villa. Jus frais, graines germées et mets protéinés, c'est une coupure gourmande et verdoyante loin de l'effervescence urbaine.

**27 B Street (accès par le parking en sable derrière Magrudy's - Jumeirah Center), Jumeirah 1 • ☎ 056 534 2899 • www.lifenone.com • T.l.j 9h30-19h30 • Entrée : à partir de 35 Dhs ; cours de yoga tous niveaux : à partir de 110 Dhs.**

## COMPTOIR 102
**Concept store** ㉜ Plan D2

Savant mélange de cuisine saine et nutritive, défricheur de tendances mode et déco, le Comptoir 102 est une pépite de trouvailles pointues, avec aux commandes quelques Parisiennes chic évidemment. Conçu comme une maison de vacances hors du temps, c'est un sanctuaire du bon vivre, où tout est beau, bio et bon. Vous savourerez le lieu, en vous délectant d'un smoothie accompagné d'un pesto d'algues.

**102, Jumeirah Beach Road, Jumeirah 1 ; en face du Beach Center • ☎ 04 385 4555 • www.comptoir102.com • T.l.j. 8h-22h • Smoothie : 31,50 Dhs ; plats : 45-65 Dhs.**

## KULTURE HOUSE
**Concept store** ㉝ Plan D2

Un décor à faire pâlir les plus belles maisons sur papier glacé. Les limonades sont auréolées de brins de lavande, de pétales de roses (28 Dhs) et pour les encas pas de déception, avec des assiettes fraîcheur et des *bites*, comme les frites de fromage chypriote halloumi (40 Dhs). Vous succomberez probablement à l'appel de la boutique, avec sa sélection tribale issue du commerce équitable.

Jumeirah Beach Road, Jumeirah 1; en face du Beach Center • ☎ 04 399 1790 • Instagram : @kulturehousedubai • Dim.mer. 9h-19h, jeu.-sam. 9h-21h.

## MASTI
**Indien** ㉞ Plan D2

Masti pourrait se traduire par amusement et malice. Cet élégant restaurant au bord de l'eau fait figure de « nouvelle Inde ». À la barre, le chef Hari Nayak réinterprète l'assiette classique indienne. Il livre des surprises gustatives comme dans la lasagne Saag Paneer ou la salade de lentilles Quinoa Tikki (110 Dhs chacun). Attention l'excellence a un prix !

La Mer South 4, section la plus au sud • ☎ 04 244 4384 • www.mastidubai.com • Sam.-mer. 12h-minuit, jeu.-ven. 12h-2h ; Gin and jazz night tous les lun. 20h30-23h • Licence d'alcool.

## THE LIVING ROOM
**Coffee shop** ㉟ Plan D2

Le salon-pâtisserie aux tons velours et pastel déteint jusque dans les gâteaux et le café aux notes rose poudrée. Le Pink Rose Latte (26 Dhs) est un classique de la maison. Fatma Al Mulla, la femme gourmande derrière le rideau, en profite pour vendre ses créations graphiques pleines d'humour. Des objets de la pop culture (badges : 30 Dhs) associés aux codes visuels de la culture émirienne.

**Mercato shopping Mall, level 1, Jumeirah Beach Road, Jumeirah 1 • ☎ 04 385 4555 • www.tlrdubai.com • T.l.j. 10h-22h.**

The Living Room

## 3 FILS
**Asiatique** ㊱ Plan D2

3 Fils est une adresse en vogue. Idéal pour un casse-croûte un peu branché avec des sushis diaboliques (dragon 42 Dhs, volcano 41 Dhs) et du poulpe croquant (58 Dhs). Le week-end, l'attente est à la hauteur de sa notoriété, surtout pour un spot en terrasse face au petit port de plaisance. Familles, couples, copains, c'est très convivial. Pour les enfants, sachez que c'est souvent épicé.

**Shop 2, Fishing Harbour, Jumeirah 1 • ☎ 04 333 4003 • https://3fils.com • Lun.-mer. 11h-23h, jeu.-sam. 12h-minuit • Pas de résa possible.**

## AL FALAMANKI
**Libanais** ㊲ Plan C2

Mais qui était donc Khalil Al Falamanki ? Tour à tour lutteur, garde du corps d'un entrepreneur égyptien fortuné puis homme à tout faire, chouchou des stars hollywoodiennes dans les années 1960. Le lieu est une ode nostalgique à cet homme pas comme les autres, ainsi qu'aux délices retrouvées du Liban d'antan. Commandez du saj, pain-pizza au thym (18 Dhs) ou au fromage maison (35 Dhs) cuit dans un four bombé traditionnel.

**Jumeirah Beach Road, Jumeirah 2 ; en face du Dubai Ladies Club • ☎ 04 343 5826 ou 04 343 5866 • http://alfalamanki.com • T.l.j. 10h-5h.**

## SAMAD AL IRAQI
**Irakien** ㊳ Plan C2

Adresse incontournable, ce grand restaurant irakien traditionnel a pour spécialité le poisson de rivière (minimum 4 kg) cuit sur le *masgouf*. Il s'agit d'un impressionnant gril traditionnel situé derrière une vitre, le poisson y est pendu et grillé sur les feux ardents, entouré de bois de figuier et d'abricotier. Les portions sont gargantuesques, avec en plus, en entrée, soupe et salade offertes !

**Jumeirah Beach Road, Jumeirah 2 ; près du Beach Park Plaza Centre • ☎ 04 342 7887 • Sam.-jeu. 10h-1h, ven. 13h-1h • Plat : 65 Dhs.**

## BIANCA MOZZARELLA & CO
**Italien** ㊴ Plan D2

Une sélection de plats italiens typiques et savoureux dans un quartier-promenade atypique, le Boxpark. Servant une cuisine à base de produits frais, ce restaurant est réputé pour sa *burrata* excellente et sa mozzarella. En terrasse, notez que la rue est sonore.

**Boxpark, shop M401, Al Wasl Road, Jumeirah 2 • M° Business Bay • ☎ 04 345 5300 • www.boxpark.ae • T.l.j. 10h-22H • Salade italienne : 58 Dhs ; *burrata al bicchiere* : 68 Dhs.**

## FARZI CAFÉ
**Indien** ㊵ Plan D2

Adresse populaire de New Delhi, Farzi Café enflamme désormais Dubaï. Une initiation à la cuisine moléculaire tout en mettant la gastronomie indienne à l'honneur. Le menu, énigmatique, donne le ton : « créer l'illusion ». Bols en ébullition et fumigènes sont ici légion, comme dans le Tandoori Wild Mushrooms (37 Dhs). L'expérience épicée, à la fois visuelle et gustative, ensorcèle irrésistiblement.

**Dubai City Walk phase 2, Building 5 • M° Burj Khalifa / Dubai Mall • ☎ 04 394 2556 • www.farzicafe.ae • T.l.j. 10h-23h • Résa conseillée. jeu. et ven. soirs.**

Farzi Café

### VOIR AUSSI :

**Ravi Restaurant | p. 54 | ㊶ Plan D2**

## Jumeirah, Umm Suqeim et le Burj al-Arab (Quartier 6 - p. 58)

### SEAVIEW
**Poisson** ㊷ Plan C3

Tellement loin de l'agitation des malls et des grands hôtels ! Situé près du petit marché aux poissons d'Umm Suqeim, ce restaurant sans prétention vous présente la pêche du jour : *hamour, sheri*, crevettes ou calamars. Si l'intérieur est sans intérêt, la terrasse en revanche est un havre de paix, avec vue sur les bateaux. Évitez les plats frits mais pour les grillades, c'est un grand oui.

**Fishing Harbor 2, 9 A Street, Umm Suqeim 1 ; entre Umm Al Sheif Road et Al Manara Road • ☎ 04 333 5552 • www.seaviewrestaurant.ae • T.l.j. 12h-minuit • Peri Peri Sheri : 78,75 Dhs.**

Single Fin at the Surf House

### ZAYTONI
**Libano-arménien** ㊸ Plan C3

Zeitoun, Zaytoun... dans tous les dialectes arabes, ça signifie olive. C'est entendu, l'adresse fait la part belle à la Méditerranée orientale avec ses accents entêtants du Sud et ses autres vedettes : l'aubergine, le pois chiche... Les tables sont plantées dans une serre où poussent quelques arbres. Un joli cadre pour découvrir le *basterma* arménien (viande de bœuf épicée) et la *manakeesh zaatar* libanaise (pizza chausson au thym).

**Jumeirah Beach Road, Umm Suqeim 1 ; au carrefour d'Al Manara Road • ☎ 04 338 2070 ou 04 338 2071 • Instagram : @zaytoni_dubai • T.l.j. 8h-2h • *Basterma* : 31 Dhs ; *manakeesh* : 16 Dhs.**

### SINGLE FIN AT THE SURF HOUSE
**Sur le pouce** ㊹ Plan C4

Surf House est une légende urbaine à la cool attitude. C'est ici qu'il faut venir prendre des cours de surf et SUP (Stand up paddle), louer des vélos (www.themovement.ae), s'acheter la paire de tongs oubliée à la maison... La courette accueille un café décontracté avec des petits plats revigorants et succulents. Les ingrédients sont majoritairement bio et locaux ; testez le Molokai Bowl hawaïen (51 Dhs) ou le Angry Mexican Tacos (49 Dhs).

**Villa 110, Al Soon Street (off Jumeirah**

Pai Thai

Beach Road), Umm Suqeim Beach, Umm Suqeim 2 • ☎ 050 504 3020 • https://surfingdubai.com • T.l.j. 7h-19h.

## PAI THAI
**Thaïlandais** (45) Plan B4

À la réception de l'Al Qasr Hotel, demandez à monter dans l'*abra* qui vous mènera, par les canaux intérieurs, jusqu'au quai de ce restaurant thaïlandais. Si la température le permet, vous serez servi sur le ponton. La douce ambiance de bois exotique, de lumières tamisées, accompagnée d'une danseuse jouant du *khim*, vous transportera en Asie le temps d'une soirée.

Al Qasr Hotel, Al Sufouh Road • M° Madinat Jumeirah • ☎ 04 432 3232 • Dim.-jeu. 18h30-23h30, ven.-sam. 12h30-14h30 et 18h30-23h30 • Plat : env. 170 Dhs • Licence d'alcool • Résa conseillée.

## KHAYMAT AL BAHAR
**Libanais** (46) Plan B4

Pour le déjeuner ou le dîner, ce restaurant libanais est réputé pour sa cuisine variée et de qualité. Au cœur de Madinat Jumeirah, avec une vue splendide sur la piscine, vous apprécierez de déguster un mezze (à partir de 45 Dhs) ou un traditionnel *shawarma* (75 Dhs). On peut y fumer une chicha sur des airs de musique arabe.

Jumeirah Al Qasr Hotel, King Salman Bin Abdulaziz Al Saud Street, Al Sufouh 1 • ☎ 04 432 3232 • www.jumeirah.com • T.l.j. 6h30-11h30 et 13h-23h30 (ven. 6h30-11h30, 13h-16h et 20h-23h30) • Salade : 50 Dhs ; *hot mezze* : à partir de 45 Dhs.

### VOIR AUSSI :

**Kaftan** | p. 63 | (47) Plan B-C4

**Salt** | p. 60 | (48) Plan C3

# Al Quoz et Alserkal Avenue (Quartier 7 - p. 64)

## TOM & SERG
**Café, sur le pouce** (49) Plan C4

Dans ce café d'Al Quoz, on se croirait à Melbourne ou à Los Angeles. C'est le rendez-vous des gens trendy à souhait dans une décoration industrielle, une cuisine ouverte, des serveurs tatoués… La carte, originale, a été élaborée par un *barista* expert (spécialiste du café) et son menu est très mondialisé (œufs Bénédicte, *açaí* bowl, risotto…). Idéal pour bien commencer la journée !

**Al-Joud Center, 15 A Street, Sheikh Zayed Road ; à côté de Burjeel Hospital • M° Noor Bank • ☎ 056 474 6812 • www.tomandserg.com • Dim.-jeu. 8h-16h, ven.-sam. 8h-18h • Petit déj. : à partir de 18 Dhs ; déj. : 42-76 Dhs.**

## A4 SPACE
**Sur le pouce** (50) Plan C4

L'espace de co-working ouvert à tous est aussi un lieu d'expos. Il y a une salle de cinéma, une bibliothèque, le tout organisé autour d'un petit café comptoir, où l'on peut prendre le pouls de la vibrante communauté de créateurs qui y travaille tout autour. Simple, bio avec des ingrédients frais et de qualité. Parfait pour un jus détox (21 Dhs) avant de visiter Alserkal Avenue.

**Alserkal Avenue, 17th Street, Al Quoz Industrial 1 ; entre First Al Khail Street et 6 A Street • M° Noor Bank • ☎ 04 333 3464 • www.alserkalavenue.ae • Sam.-mar. 9h-19h mer.-jeu. 9h-21h.**

## CASSETTE
**Bistrot** (51) Plan C4

La nouvelle sensation du quartier a du style, du goût et de l'élégance à la française. Si la cuisine s'inspire des bistrots chics, le propriétaire Haider Madani est pourtant iraquien et son chef, sud-africain. Pour les réjouissances,

A4 Space

du bœuf bourguignon, mais aussi des tartines fondantes d'avocat et des gaufres de canard confit. Pour ne rien gâcher, la playlist est vibrante (quelques vinyles sont à vendre) et le service attentionné.
**The Courtyard Gallery, 4B Street ou 6A Street, Al Quoz Industrial 1 • M° Noor Bank • ☎ 04 349 1966 • Instagram : @cassettedxb • T.l.j. 8h-18h • Entrée : env. 50 Dhs ; plats : 70-80 Dhs.**

## RAJU OMLET
**Indien** ⑫ Plan C4

Dans ce repaire insolite à la découverte épicée, la partition tourne autour de l'omelette, sous l'œil aventureux des icônes bollywoodiennes affichées aux murs. Si vous trouvez les œufs indigestes, Raju vous réconciliera avec cet ingrédient de haute volée. Chaque recette est inventive et moelleuse. En plus d'être un ovni gustatif, ses prix sont ahurissants (10-20 Dhs le plat). Gare aux files d'attente aux heures de repas !
**Real Estate International Building (rue parallèle entre la 7 A Street et Al Manara Road), Al Quoz 1 • M° Noor Bank • ☎ 04 388 3355 • www.rajuomlet.net • T.l.j. 8h-23h30.**

## RAW COFFEE COMPANY
**Torréfacteur** ⑬ Plan C3-4

Un espace brut reconverti en véritable laboratoire scientifique, où les maîtres baristas recherchent l'alchimie parfaite et proposent une variété impressionnante de café, tous 100 % organiques et 100 % éthiques. Ces sommeliers du café sauront vous conseiller ou même vous former à l'art de faire le bon jus.
**Au coin des 7 A Street et 4 A Street, Warehouse 10 (près d'Al Manara Road), Al Quoz 1 • M° Noor Bank • ☎ 04 339 5474 • www.rawcoffeecompany.com • T.l.j. 7h30-20h • Café : à partir de 14,50 Dhs ; atelier de 2h minimum : à partir de 262,50 Dhs.**

**VOIR AUSSI :**

**Boston Lane | p. 65 | ⑭ Plan C4**

# Dubai Marina et JBR (Quartier 8 - p. 68)

## MASSAAD FARM TO TABLE
**Oriental** ⑮ Plan A5

Parmi les nombreux restaurants de la promenade de JBR, ce petit espace coquet est assez novateur puisque sa cuisine, délicieuse, est basée sur les meilleurs produits des fermes régionales. Ici, on démontre que produits locaux et cuisine arabe (*shish taouk* 34 Dhs, *shawarma* sandwich 15 Dhs) peuvent se marier pour le simple et le meilleur, avec en outre une addition raisonnable !
**Jumeirah Beach Residence 5 ; près du Sofitel Hotel • M° DAMAC Properties**

Massaad Farm to Table

**• ☎ 04 362 9002 • www.massaadfarmtotable.com • T.l.j. 12h-2h (3h jeu.) • Sandwichs : 10-19 Dhs ; assiette de *shawarma* : 42 Dhs ; plats : 30-66 Dhs.**

## KIF KIF
**Marocain** (56) Plan A5

Ce restaurant marocain porte bien son nom, c'est le « kif » ! Il offre une grande variété de plats typiques, de délicieux tajines et coucous à des prix tout à fait abordables. Le personnel est très accueillant et l'atmosphère agréable avec en fond de la musique marocaine. Vous pourrez boire un vrai thé marocain avec un *msemen* et un *baghrir* !

**Jannah Place, ground floor, Al Seba Street, Dubai Marina • M° DMCC • ☎ 055 931 9557 • T.l.j. 12h-minuit • Tajine, couscous : env. 55 Dhs.**

## MYTHOS
**Grec** (57) Plan B5

Si vous passez par JLT, ce quartier d'affaires qui monte de l'autre côté de la Sheikh Zayed Road et de la Marina, ne ratez pas ce petit coin de mer Égée qui offre une cuisine grecque authentique. Demandez à vous asseoir près de l'olivier sur la terrasse, avec sa vue sur la *skyline*. Puis tentez de prononcer *tyrokafteri* ou *galaktobourekakia* et laissez-vous emporter par les plats aux couleurs du soleil. Bon rapport qualité-prix.

**Armada Blue Bay Hotel Cluster P, B1 level, Jumeirah Lake Towers • M° DAMAC Properties • ☎ 04 399 8166 • Facebook : mythosdubai • T.l.j. 12h30-17h et 19h-23h30 • Menu Zeus Deal : 70 Dhs • Licence d'alcool.**

## INDEGO BY VINEET
**Indien** (58) Plan B5

Le meilleur restaurant indien de la ville ! Faites-vous plaisir et laissez-vous guider par le chef étoilé Vineet Bhatia. Le haut lieu très chic de la gastronomie indienne est apprécié pour son mélange harmonieux de cuisine contemporaine et de mets aux mille épices traditionnelles. On y dîne entouré de statues de bronze, de vasques d'eau où flottent des pétales de rose. Le personnel est irréprochable et discret.

**Grosvenor House Dubai, Al Emreef Street, Dubai Marina • M° DAMAC Properties • ☎ 04 317 6000 • www.indegobyvineet.com • T.l.j. 19h-minuit • Plats : 130-250 Dhs • Licence d'alcool.**

## TORO TORO
### Argentin
59 Plan B5

Avant de rejoindre le Siddharta (p. 151), allez vous restaurer dans ce restaurant argentin créé par le chef mexicain Richard Sandoval, qui développe son savoir-faire dans les métropoles les plus célèbres. Le lieu s'étend sur plus de deux étages avec une cuisine ouverte. Dans les assiettes, un mélange créatif de plats contemporains d'inspiration latine. Ambiance plus *caliente* le soir dès 22h avec DJ au bar.

**Grosvenor House Dubai, Al Emreef Street, Dubai Marina • M° DAMAC Properties • ☎ 04 317 6000 • www.torotoro-dubai.com • Sam.-mer. 18h-1h, jeu.-ven. 18h-2h (brunch ven. 15-18h) • Plats : 55-130 Dhs ; grill : 120-460 Dhs • Licence d'alcool.**

## FISH BEACH TAVERNA
### Méditerranéen
60 Plan B5

Dépaysant, ce restaurant bleu cobalt pieds dans l'eau, façon taverne de pêcheur grecque en plus sophistiqué, maîtrise l'art de la mise en scène. Plaisir des yeux oui, mais aussi du palais. La carte imprègne ses plats des couleurs de la Grèce et de la Turquie. Fumets de poissons grillés, ail, citron, herbes fraîches et fromage de chèvre emportent les papilles. Seul bémol, les prix qui s'envolent sur l'étal de pêche.

**Méridien Mina Seyahi Beach Resort & Marina, King Salman Bin Abdulaziz Al Saud Street • M° Nakheel • ☎ 04 511 7373 • www.fish-dubai.com • Dim.-jeu. 12h-23h, ven.-sam. 12h-23h30 • Entrée : 42 Dhs ; casserole : env. 150 Dhs • Licence d'alcool • Résa conseillée.**

## BUSSOLA
### Pizzeria
61 Plan B5

C'est sur l'immense terrasse en hauteur de ce restaurant italien que l'on mange l'une des meilleures pizzas de Dubaï. Ajoutez à cela une ambiance de vacances décontractée ainsi qu'une vue sur la mer et les piscines à débordement et vous êtes au paradis ! Au rez-de-chaussée, le restaurant est plus raffiné et tout aussi bon.

**Westin Dubai Mina Seyahi, Dubai Marina, King Salman Bin Abdulaziz Al Saud Street • M° Nakheel • ☎ 04 511 7373 • www.bussoladubai.com • T.l.j. 12h-15h et 19h-23h • Pizza : à partir de 82 Dhs • Licence d'alcool.**

## EAUZONE
### Romantique
62 Plan B5

Si le jardin du One & Only Royal Mirage est un écrin, Eauzone en est l'un des joyaux. Pendant vos vacances, permettez-vous un petit luxe et venez dîner en tête à tête dans ce petit paradis flottant avec vue sur les palmiers et la piscine illuminée. Laissez-vous ravir et surprendre par une cuisine moderne avec une touche asiatique : *spring roll* au canard (78 Dhs), Bourbon chicken (130 Dhs), mais aussi veau, saumon, *hammour* et nombreux plats végétariens.

One & Only Royal Mirage, King Salman Bin Abdulaziz Al Saud Street • ☎ 04 399 9999 • www.oneandonlyresorts.com • T.l.j. 12h-15h30 et 19h-23h30 • Plat : à partir de 130 Dhs ; Eauzone salade : 75 Dhs • Licence d'alcool • Résa conseillée.

## DIN TAI FUNG
**Taïwanais** (63) Plan C4

Armez-vous de patience... et du *biper* que l'on vous confie soigneusement pour vous expliquer qu'il y a une petite heure d'attente... Votre tour arrivé, place aux *xiaolongbao, dumplings* (bouchées vapeur), et *chow mein* de l'enseigne taïwanaise étoilée aux multiples succursales. Un assaut des papilles mais pas du porte-monnaie !
Mall of the Emirates, level 2, Al Barsha 1 • M° Mall of the Emirates • ☎ 04 265 1288 • T.l.j. 11h-23h • Plats : 20-40 Dhs • Autre adresse à Dubai Mall, lower ground floor ; ☎ 04 362 7500.

Din Tai Fung

### VOIR AUSSI :

**Bombay Bungalow | p. 70 |**
(64) Plan A5

## Palm Jumeirah (Quartier 9 - p. 74)

## PRAIA DUBAI
**Fusion** (65) Plan B5

Restaurant lounge à l'atmosphère jet-set orientale, Praia est un joli reflet des tentations extrêmes de la ville. Artifices de rigueur, brochettes de filles en bikinis... Mais pour un après-midi léger, un dîner clinquant et festif devant les feux illuminés de la rive, c'est le lieu, côté mer, pour paresser autour d'un plat de lasagneS au crabe royal.
Five Palm Jumeirah Hotel ; sur le tronc sud-ouest de Palm Jumeira • Accès en taxi • ☎ 058 870 0708 • https://praiadubai.com • T.l.j. 12h-3h • *King crab lasagna* : 120 Dhs • Âge : + de 21 ans • Licence d'alcool.

## 101 DINING LOUNGE & BAR
**Méditerranéen** (66) Plan A5

Un bar-restaurant à l'architecture contemporaine posé sur pilotis, un lieu chic et prisé labellisé par

le chef étoilé français Yannick Alléno. Réservez une table au restaurant, vous ferez la traversée gracieusement en bateau depuis le Jetty Lounge pour accoster sur le ponton du 101. Le luxe !
**One & Only The Palm, West Crescent • Accès en taxi ; par bateau, accès par le One & Only Royal Mirage • ☎ 04 440 1030 • www.thepalm.oneandonlyresorts.com • T.l.j. 11h30-2h • Menu *bites* (12h30-1h) 45-90 Dhs ; à la carte : 90-295 Dhs • Licence d'alcool.**

## AMALA
**Indien** ⑥⑦ Plan A5

Poussez la porte de ce somptueux palais sur les traces de l'Empire Moghol aux confins des steppes de l'Asie centrale. C'est l'une des meilleures tables pour découvrir la région du nord de l'Inde.
Vous pouvez opter pour une dégustation à la carte. Et pour un voyage culinaire riche et varié : Thali Menu (150 dhs, min 4 pers.) ou Tasting Menu (295 Dhs).
**Hôtel Jumeirah Zabeel Saray, West Crescent • Accès en taxi • ☎ 04 453 0444 • www.jumeirah.com • T.l.j. 13h-16h et 18h-23h30 • Licence d'alcool.**

## NOBU
**Japonais** ⑥⑧ Plan A4

Lancé à New York par le chef Nobu Matsuhisa, ce restaurant japonais de réputation mondiale mélange les styles avant-gardistes et sud-américains pour vous servir un dîner inoubliable. Goûtez la salade de sashimis (195 Dhs), le ceviche et son mix de poissons (99 Dhs) ou encore les tacos au homard (119 Dhs).
Préférez le bar à sushis si vous voulez alléger la note, et passez par le salon pour y déguster un saké.
**The Avenues, Atlantis • M° Nakheel ou tram, puis Palm Monorail • ☎ 04 426 0760 • www.noburestaurants.com • Sam.-mer. 18h-23h00, jeu. 18h-minuit, ven. 19h-minuit ; brunch ven. 12h-15h • Licence d'alcool • Âge : + de 10 ans • Résa conseillée • Tenue correcte exigée.**

### VOIR AUSSI :

**Ronda Locatelli | p. 77 | ⑥⑨ Plan A4**

# Autour de Dubaï (Visite 10 - p. 80)

## LAST EXIT FOOD TRUCKS STATION
**Sur le pouce** ⑦⓪ Plan Visite 10

Derrière le luxe et la démesure, Dubaï cache des lieux insolites. Cette scène de bord de route des années 1950 est une aire où vous trouverez des camions, des caravanes et des stands rétro transformés en baraques à frites, burgers et pizzas.
Vous pourrez choisir aussi des plats typiques de la street-food arabe et indo-pakistanaise.
**Last Exit Jebel Ali South and North,**

The Last Exit Food Trucks Station

Sheikh Zayed Road E11, Interchange 11 • ☎ 04 317 3999 • T.l.j., 24h/24 • www.lastexit.ae • Burgers ou tacos : 30-50 Dhs.

**VOIR AUSSI :**

**Al Sarab Rooftop Lounge** I **p. 84** I ⑦① Plan Visite 10

## Abu Dhabi (Visite 11 - p. 90)

### BONNA ANNE
**Éthiopien** ⑦② Plan J10

Ne soyez pas rebutés par ses allures de gargote peu alléchante. À l'intérieur, c'est comme chez une bonne amie, une immersion singulière en Éthiopie. Quelques tables, un accueil chaleureux, des habitués prêts à vous conseiller et... pas de couverts pour manger ! Au bout des doigts, des ragoûts de viandes et des concoctions de légumes bien mitonnés, le tout servi sur l'*injera*, une galette de *tef* (millet). Une révélation !

Salam Street, downtown ; en face de Old Blood Bank Building • ☎ 02 491 2128 • T.l.j. 10h-minuit • Spécialités à partager, Bonna Anne Special ou Yesom Beyaynetu : 40 Dhs le plat.

### PREGO'S
**Italien** ⑦③ Plan J10

Le restaurant italien du Beach Rotana Hotel est très apprécié pour son ambiance (un peu bruyante parfois) et sa terrasse surplombant la rive. Un conseil s'impose donc : réservez votre table. *Antipasti* de pain chaud assorti de tapenade et de parmesan, pâtes ou pizza et le classique tiramisu en dessert. *Buon appetito* !

Beach Rotana, Tourist Club Area,

10th Street • ☎ 02 697 9011 • www.rotana.com • T.l.j. 12h-23h30 • Brunch : 270 Dhs (sans alcool), 380 Dhs (avec alcool) • Résa conseillée.

## TARBOUCHE
**Libanais** ⑭ Plan J10

Au cœur du World Trade Centre Souk, ce restaurant à prix raisonnables offre un service rapide et de qualité. Au départ simple support au turban, le tarbouche est devenu une coiffe traditionnelle libanaise. Et ce nom est bien à l'image de ce qui vous est proposé : un large choix de mezze et de plats traditionnels, le tout copieusement servi, un régal à partager !

WTC Souk, ground floor, Khalifa Bin Zayed The 1st Street • ☎ 02 628 2220 • www.wtcad.ae • Sam.-mer. 10h-22h, jeu.-ven. 10h-minuit • Mezze : 18-38 Dhs, plats : 42-110 Dhs.

Tarbouche

## FOODSHED
**Coffee shop** ⑮ Plan K10

Une déco rustique made in UAE, des ingrédients de saison provenant des agriculteurs locaux, c'est l'adresse pour tous les *food lovers* écoresponsables. Avec des basiques (salades, burgers, pancakes) et quelques pépites végétariennes comme l'aubergine et lentil curry (45 Dhs).

Gate 1, Blooms Gardens, Khalifa Park • ☎ 02 671 1113 • www.foodshed.ae • T.l.j. 7h30h-22h.

## OBSERVATION DECK AT 300
**Salon de Thé** ⑯ Plan J10

Pour observer toute la corniche et ses palaces de nababs, quoi de plus approprié que ce salon de thé installé au 74e étage ? Certes, l'expérience n'est pas à la portée de toutes les bourses, mais si on veut s'offrir une folie, c'est bien celle-ci qu'il faut envisager.

Jumeirah at Etihad Towers, Tower 2, level 74 • ☎ 02 811 5666 • www.jumeirah.com • T.l.j. 10h-19h • Entrée : 95 Dhs (avec un crédit de 55 Dhs utilisable le jour même) ; *Afternoon Tea* avec encas : 250 Dhs (14h-18h, résa 24h à l'avance) ; 350 Dhs avec alcool • Résa conseillée.

### VOIR AUSSI :

**Tashas** | p. 92 | ⑰ Plan J10

**Larte** | p. 98 | ⑱ Plan K9

# Saveurs d'ici et d'ailleur

**Les Émirats sont une terre d'accueil depuis plusieurs siècles. Ils savent cultiver le meilleur de chaque culture et l'intégrer dans leur patrimoine, y compris et surtout en matière culinaire. L'influence des populations conquérantes entre le XVIe et le XIXe s., puis les immigrations successives de travailleurs ont permis de développer des saveurs variées. Un voyage à Dubaï, c'est presque une initiation gastronomique !**

## UNE CUISINE RICHE ET PARFUMÉE

La cuisine émirienne s'inspire notamment des saveurs du Levant, d'Asie orientale et d'Iran. Le poisson, la viande, le riz et surtout les épices sont la base de la plupart des plats. N'hésitez pas à goûter à ces différentes préparations. Vous aurez le choix : le ***biryani (ou machbous),*** un plat de la région du Golfe composé de riz blanc infusé avec des épices, de la viande ou des crevettes, des amandes et des légumes ; le ***ma'louba,*** fait toujours à partir de riz, de poulet, d'aubergines et de carottes ; le ***margooga,*** un ragoût épicé de légumes, de viande et de pita mouillé ; le ***harees,*** sorte de purée de blé moulu et de viande hachée, très prisé pendant le ramadan ; sans oublier le **méchoui,** agneau rôti à la broche et au feu de bois. Son passé de plaque tournante commerciale et de grand port d'échanges de marchandises explique encore aujourd'hui l'utilisation fréquente d'épices dans la cuisine dubaïote : curcuma, safran et cardamome. En guise de dessert, on vous proposera le plus souvent des dattes, des pâtisseries arabes délicieusement sucrées ou des recettes locales comme le ***luqaimat*** (beignet frit arrosée de sirop de datte) ou le ***bethitha*** (semoule mélangée avec des dattes écrasées et de la cardamome).

### Manger casher à Dubaï

Fondée en 2019, Elli's Kosher Kitchen propose à tous les voyageurs de confession juive la possibilité de manger casher. Une belle initiative qui permet à cette communauté de pouvoir enfin respecter les traditions culinaires. Depuis sa cuisine, Elli orchestre un menu simple, fait de poisson, de pâtes et de salades (viande et poulet casher ne sont pas disponibles aux ÉAU). Les plats (menu à partir de 90 Dhs) sont livrés directement dans les hôtels. Le *challah* (hallah), pain traditionnel du Shabbat, et le jus de raisin pour le kiddouch sont aussi disponibles.

**www.elliskosherkitchen.com**

## FÊTES ET HOSPITALITÉ

Les différentes célébrations religieuses sont l'occasion de repas fastueux en grand comité. L'abondance des plats est gargantuesque ! On y mange notamment l'***ouzi*** **d'agneau** et une montagne de desserts très sucrés comme le ***umm ali*** (sorte de pudding oriental). Si vous êtes convié, évitez de refuser l'invitation. L'hospitalité est une tradition arabe qui remonte à la nuit des temps. Autrefois, lorsqu'un étranger arrivait dans une tribu bédouine, il était chaleureusement accueilli et on lui offrait le gîte et le couvert. Aujourd'hui encore, pour faire honneur à vos hôtes, vous devrez veiller à respecter **trois règles** : ne jamais refuser la nourriture qu'on vous propose, éviter de terminer votre assiette (pour ne pas abîmer la réputation de générosité de votre hôte) et manger avec la main droite. Le **ramadan** est l'occasion d'un jeûne qui commence lors du lever du soleil et se termine à son coucher. Attention, c'est une tradition très respectée. Vous constaterez d'ailleurs que seuls certains établissements proposent petit déjeuner et déjeuner, souvent servis à l'écart. Même si vous n'êtes pas musulman, la loi interdit de manger, de boire, de fumer ou même de mâcher du chewing-gum en public pendant la journée. L'***iftar,*** le dîner qui rompt le jeûne les soirs de ramadan est une véritable fête. De nombreux repas de charité sont organisés un peu partout dans la ville et sont offerts à tous ceux qui se présentent !

## QUELLE SOIF !

Que boit-on pour accompagner son repas ? S'il est interdit de consommer de l'alcool pour un musulman, il existe de nombreux établissements qui en proposent, ils dépendent presque toujours des complexes hôteliers. Sachez que c'est prohibé dans tous les lieux publics (parc, plage, rue...). L'eau est exclusivement proposée en bouteille (hôtels, restaurants) et vous trouverez un large choix de boissons. Les jus de fruits frais sont plébiscités, le café turc ou arabe *(qahwah),* le thé rouge, ainsi que le lait de dromadaire.

# Bars, clubs & sorties

## PAR QUARTIER

# Les coups de cœur DE NOTRE AUTEUR

**À vous les nuits enflammées ! Bars branchés ou pubs insolites, spectacles culturels ou lounges chic, Dubaï est une ville de sorties cosmopolites... Émilie vous dévoile ses adresses préférées.**

## CINEMA AKIL

Le meilleur du cinéma indépendant arabe et international dans une salle rétro, avec ses canapés de velours. Voir p. 150.

## THE BACKYARD

Mon adresse fétiche du moment pour assister à des concours de Lip Sync. Voir p. 143.

## DUBAI OPERA

J'aime sa programmation éclectique, du concert unique Nouvelle Vague à *The Phantom of the Opera*. Voir p. 142.

Dubai Opera

Look Up

## THE GOLDEN LION

Je remonte le temps et m'offre une pinte, à bord de l'illustre paquebot *Queen Elizabeth 2*. Voir p. 135.

## LOOK UP

C'est MON bar avec vue, celui pour porter un toast et s'incliner devant les tours illuminées ! Voir p. 148.

## THE GREEN ROOM

Pour le tintement des verres en cristal et m'entraîner à claquer des doigts au rythme du jazz et du blues. Voir p. 147.

# À SAVOIR

## OÙ SORTIR ?

Si vous voulez **danser toute la nuit,** rapprochez-vous de Downtown et de Meydan Racecourse avec ses immenses boîtes de nuit et ses bars aux vues spectaculaires. Pour une **ambiance plus « bord de mer »** et toujours aussi **festive,** rejoignez le Madinat Jumeirah, la Palm Jumeirah ou Dubai Marina et JBR. Pour assister à un **spectacle de danse, une pièce de théâtre ou un concert,** dirigez-vous vers les salles du World Trade Centre, le Madinat Theatre, Dubai Opera ou la toute nouvelle Coca-Cola Arena. Choisissez les **soirées plus underground** d'Al Quoz pour découvrir les jeunes talents de la scène locale et le cinéma indépendant. À **Abu Dhabi,** régalez-vous de ballets ou de concerts de musique classique à l'Emirates Palace. Les concerts des stars internationales se donnent quant à eux au Du Arena.

## SORTIR, MODE D'EMPLOI

La majorité des bars proposent l'**happy hour** avec des consommations à moitié prix ou une offerte pour une achetée. Le mardi est généralement le jour de la ***Ladies Night*** (consommations gratuites ou offres préférentielles pour les dames). Dans les bars et les clubs, une **tenue correcte** est exigée, sinon vous n'entrerez pas !

## RESPECTEZ LA RÉGLEMENTATION !

**La consommation d'alcool** (pour les non-musulmans) **et l'entrée dans les clubs sont autorisées à partir de 21 ans**. Veillez toujours à avoir une pièce d'identité sur vous. Certains bars et restaurants refusent aussi les mineurs, même accompagnés. Pendant le ramadan, aucune boisson alcoolisée n'est servie avant 20h et les clubs sont fermés. Gardez bien à l'esprit certaines **règles de bonne conduite** pour éviter les déconvenues judiciaires. Pas de boissons sur la voie publique ni au volant (seuil de tolérance zéro). Et ne soyez jamais discourtois (en toute occasion !). Sachez qu'il y a très peu d'insécurité et d'incivilités, en particulier à l'égard des femmes.

### SE REPÉRER

**Chaque adresse de lieu de sortie est associée à une pastille violette numérotée. Vous retrouverez toutes les adresses positionnées sur le plan détachable.**

# Bars, clubs & sorties
## PAR QUARTIER

### Bur Dubai (Quartier 1 - p. 24)

### SEVILLE'S
**Tapas** ① Plan E2

Sympathique et chaleureux bar à tapas, doté d'une grande terrasse en plein air. On y sirote une très bonne sangria accompagnée de quelques *patatas bravas* ou de *jamón ibérico*, tout en surplombant l'aréna du Wafi Mall. Laissez-vous bercer par le son des guitares aux accents andalous, et le vendredi, chaussez vos *zapatos* pour danser un tango fiévreux, on s'y croirait presque. Le service est rapide et efficace...

**Wafi Pyramids Building, 1st floor, Umm Hurair 2 • M° Dubai Healthcare City • ☎ 04 324 4100 • https://www.wafi.com/dine/ • Sam.-lun. 12h-1h, mar.-ven. 12h-2h ; *Tango Night* : ven. à 21h • Verre de rioja : 47 Dhs ; sangria : 54 Dhs.**

### THE GOLDEN LION
**Pub** ② Plan D1

Arpenter le paquebot britannique du *Queen Elizabeth 2* est déjà une aventure en soi. Désormais hôte permanent à quai du port Rashid, le navire-hôtel coule des jours paisibles de retraité. The Golden Lion est une légende navale intemporelle. Bas de plafond, rustique et enfumé, le pub au charme désuet affiche fièrement ses écussons portuaires, preuve de son passé glorieux. Parfait pour un whisky-billard-fléchettes !

**Queen Elizabeth 2, Port Mina Rashid • M° Al Ghubaiba • ☎ 04 526 8888 • www.qe2.com • T.l.j. 12h-minuit ; happy hour : sam.-jeu. 16h-20h • Whisky, verre de vin : à partir de 50 Dhs ; bière : 42-50 Dhs • Entrée libre ; âge : + de 21 ans.**

### Dubaï, la nouvelle « city of light » ?

Dubaï aime tout ce qui brille et le fait savoir. La ville détient le record mondial du plus grand feu d'artifice depuis 2014, où plus de 400 000 fusées ont été tirées dans plus de 400 lieux pour le Nouvel An ! Chaque soir, Dubaï s'illumine de mille feux : pour ne citer qu'eux, les **fontaines de Downtown Dubai,** les festivals animés sur la ***creek* de Deira,** la fête des lumières à **Sharjah,** le jeu d'eau et de lumières pour les petits sur le **promenoir de la marina** et même les maisons émiriennes revêtues de leurs guirlandes pour célébrer les fêtes...

### SOL SKY BAR
**Bar lounge** ③ Plan I8

Pourquoi succomber aux seuls plaisirs vertigineux de Downtown ? Quitte à s'encanailler sur un roof top, essayez le classique dubaïote piscine à débordement-tapas-cocktail givré, avec vue sur la vieille *creek* et son animation maritime. Sang neuf de la scène lounge, l'atmosphère est encore timide mais certainement pas pour longtemps.

**Zabeel House Hotel, Al Seef Dubai Creek • M° Burjuman • ☎ 04 707 7077 • www.zabeelhouse.com • Sam.-mer. 11h-23h, jeu.-ven. 11h-1h ; happy hour : t.l.j. 17h-19h • Boisson alcoolisée : à partir de 45 Dhs ; mocktail : 39 Dhs.**

## Deira (Quartier 2 - p. 36)

### QD'S BAR & GRILL
**Bar** ④ Plan E1

Le bar, situé dans le célèbre Dubai Creek Golf & Yacht Club, domine la *creek*, avec ses shows et ses lumières féeriques. L'endroit parfait en fin de journée pour déguster une bière ou un cocktail en plein milieu de ce lieu circulaire décoré de nombreux coussins orientaux. L'ambiance y est relax, le lieu peuplé en grande partie par la jeunesse orientale.

**Dubai Creek Golf & Yacht Club, Al Ithihad Road / Baniyas Road • M° Deira City Centre**

## S'informer

Pour suivre l'agenda des sorties à Dubaï et à Abu Dhabi, n'hésitez pas à consulter les sites Internet suivants : **www.visitdubai.com, www.visitabudhabi.ae,** mais aussi **www.dubaimadame.com** (webzine féminin francophone) et **www.lepetitjournal.com/dubai** (webzine francophone d'actualités). Pour s'informer du programme, **www.whatson.ae** et **www.timeoutdubai.com** existent aussi en version papier (en supermarchés). L'Alliance française, **www.afdubai.org,** suggère également quelques idées.

## Réserver un spectacle

Réservez vos places de concert ou de spectacle à l'avance, car les guichets affichent souvent complet. Le plus pratique, c'est en ligne sur **www.platinumlist.net, www.ticketmaster.ae et www.virginmegastore.ae** ou directement sur place pour quelques salles de spectacle comme le Madinat Jumeirah Theatre.

QD's

• ☎ 04 295 6000 • www.dubaigolf.com • Dim.-mer. 17h-2h, jeu.-sam. 17h-3h ; DJ set jeu.-sam. • Cocktail : à partir de 48 Dhs ; bière pression : 32-58 Dhs • Possibilité de restauration.

## CIELO
**Bar-club** ⑤ Plan E1

Cielo lorgne les cieux (et la *creek* !) tout en jouant la carte nuit torride à Ibiza. À grand renfort de voilures frémissantes, d'éclairages ultraviolets, et de DJ stars, le toit-terrasse du Dubai Creek Golf & Yacht Club enflamme les noctambules. Soirée clubbing un brin décadente, cocktail pêche-vanille-prosecco et vue époustouflante ; bienvenue à Dubaï !

Dubai Creek Golf & Yacht Club, Al Ithihad Road / Baniyas Road • M° Deira City Centre • ☎ 04 161 800 • www.cielodubai.com • Sam.-jeu. 18h-3h, ven. 16h-3h • Cocktail : à partir de 53 Dhs ; punch à partager : à partir de 140 Dhs.

## IRISH VILLAGE
**Pub** ⑥ Plan F1

Avis aux sportifs ! Si vous ne souhaitez pas manquer une grande rencontre de foot, de rugby ou autre match crucial, direction l'Irish Village. Sans strass ni paillettes, quelques échoppes celtiques se succèdent comme sur les terres de l'île d'émeraude. Une atmosphère conviviale aux effluves de *fish and chips* et houblon de caractère.

Dubai Duty Free Tennis Stadium, 31 A Street, Al Garhoud • M° GGICO • ☎ 04 282 4750 • http://theirishvillage.com • Sam.-mer. 7h-1h, jeu.-ven. 7h-2h • Pinte de bière : env. 35 Dhs ; *fish and chips* : 81 Dhs.

# DIFC et Zabeel (Quartier 3 - p. 42)

## BOCA
**Bar-restaurant** ⑦ Plan D2

Suivez les éclats de voix aux heures de sortie de bureaux, un aimant attractif… Ce bar-restaurant du DIFC s'est d'abord fait remarquer pour ses tendances eco-friendly et la qualité de sa cuisine méditerranéenne. Cerise sur le bar, Boca sait aussi recevoir. Un vrai lieu de rencontre animé qui s'ouvre sur une terrasse. Pas sûr que vous trouviez où vous asseoir !

# Les plus belles VUES

**C'est à la nuit tombée que Dubaï révèle tous ses charmes et il serait dommage de ne pas l'admirer depuis un des nombreux bars avec vue sur les buildings illuminés... Un must !**

## LUNA SKY BAR

De bons cocktails, de la musique *feel good* et une vue sur Wall Street Dubai, yallah ! Voir p. 139, **DIFC.**

## PURE SKY LOUNGE AND DINING

Envie d'un verre *al fresco* en surplombant la mer ? Voir p. 152, **Dubai Marina et JBR.**

## SOBE

Ambiance *Miami Vice*, sur le toit de la Palm, un rooftop immanquable. Voir p. 155, **Palm Jumeirah.**

## NEOS

Ne restez pas sur le trottoir à vous dévisser le cou : montez au 63e étage et défiez le Burj Khalifa. Voir p. 143, **Downtown.**

## SIDDHARTA LOUNGE

Pour mener la vie de château, juste une toute petite fois... splendide ! Voir p. 151, **Dubai Marina et JBR.**

## 40 KONG

Entre mer et gratte-ciel, le bar déroule le tapis rouge et son horizon infini. Voir p. 139, **DIFC.**

40 Kong

Gate Village 6, DIFC • M° Emirates Towers • ☎ 04 323 1833 • http://boca.ae • T.l.j. 12h-2h ; happy hour : t.l.j. 16h30-19h30 ; *Ladies Night* : mer. 19h30-23h30 • Verre de vin : à partir de 50 Dhs ; cocktail : 45-100 Dhs • Résa conseillée • Tenue correcte exigée.

## LUNA SKY BAR
**Bar lounge** ⑧ Plan D2

Soyons honnête, il sera décevant de monter au 8e étage de l'hôtel si vous n'êtes pas placé en terrasse. En effet à l'intérieur, les tables, trop basses, n'offrent pas vraiment la décontraction souhaitée pour apprécier d'y grignoter quelques bouchées ! La solution, trouver une place sur le *roof top* qui, malgré sa hauteur modeste, vous projette au milieu des gratte-ciel étourdissants.
Four Seasons Hotel, level 8, Gate Village, Building 9, DIFC • M° Emirates Towers • ☎ 04 506 0000 • www.fourseasons.com/dubaidifc • T.l.j. 17h-3h ; *Ladies Night* : mer. 19h-23h • Verre de vin : à partir de 65 Dhs ; cocktail : à partir de 75 Dhs • Résa conseillée • Tenue correcte exigée.

## LA CANTINE DU FAUBOURG
**Bar-brasserie** ⑨ Plan D2

Retrouvez-vous dans une brasserie parisienne au sein même des Emirates Towers à Dubaï ! Ici, c'est un mélange entre une galerie d'art, des projections vidéo, de la musique live, un espace lounge et un restaurant avec une magnifique terrasse. On se croirait dans une oasis, avec possibilité de déguster une cuisine française urbaine.
Emirates Towers Hotel, 1st floor, Trade Centre 2 • M° Emirates Towers • ☎ 043 527 105 • www.lacantine.ae/fr • Dim-mer. : 12h-2h, jeu-ven. : 12h-3h, sam. 12h-18h et 20h-2h • Cocktails : 66-80 Dhs ; verre de vin : à partir de 59 Dhs ; plats : 155-200 Dhs.

## BLUE BAR
**Club de jazz** ⑩ Plan D2

L'un des bars de qualité pour les amateurs de jazz, de blues, Motown, latino, arabe... Animé le week-end par des groupes de musiciens émergents, comme le fabuleux Rony Afif et son quartet. L'endroit n'est pas grand, mais le comptoir est spacieux. Un large choix de bières, vins et cocktails à des prix corrects. Les concerts y sont généralement gratuits, renseignez-vous sur la programmation !
Novotel Hotel, World Trade Centre, Happiness Street • M° World Trade Centre • ☎ 04 332 0000 • www.novotel-dubai-world-trade-centre.com • Sam.-mer. 12h-2h, jeu.-ven. 12h-3h ; happy hour : t.l.j. 12h-19h • Concerts mer., jeu. et ven. 21h ; accès libre • Cocktail : 54 Dhs ; bière : 34 Dhs.

## 40 KONG
**Bar** ⑪ Plan D2

Ce bar, qui ne désemplit pas depuis son ouverture, offre une vue imprenable sur la ville, et les jeunes expatriés branchés aiment s'y retrouver autour d'un verre. Aux platines, on joue du

# Top des adresses
# AU BORD DE L'EAU

**Embrassant la *creek* ou tournés vers le golfe Persique, Dubaï ne manque pas de cadres idylliques pour déployer ses rubans de sable et ses eaux scintillantes. À vous de choisir.**

Shimmers

## JETTY LOUNGE

Un des plus beaux couchers de soleil, les pieds dans le sable... Voir p. 154, **Dubai Marina et JBR.**

## NIKKI BEACH

Le beach-club, tout de blanc vêtu, se met en quatre pour vous faire danser de 11h à minuit. Voir p. 146 **Jumeirah et Satwa.**

## SHIMMERS

Pour voir le soleil rougir et le Burj al-Arab embraser la ville. Voir p. 149, **Jumeirah et Umm Suqeim.**

## NASIMI BEACH

Et si vous dansiez sur la plage privée de l'hôtel Atlantis ? Voir p. 155, **Palm Jumeirah.**

## THE BEACH HOUSE

C'est un classique pour les amoureux, loin de l'effervescence urbaine. Voir p. 155, **Palm Jumeirah.**

## SOL SKY BAR

Admirez le crépuscule depuis votre lounge bed quand la *creek* s'habille de lumières. Voir p. 136, **Bur Dubai.**

lounge en début de soirée et le DJ monte le son dès 22h pour une ambiance plus clubbing. Attention, l'endroit est moins agréable en période de forte chaleur.

**The H Hotel, level 40, 1 Sheikh Zayed Road • M° World Trade Centre • ☎ 04 355 8896 • www.40kong.com • T.l.j. 19h-3h ; fermé l'été • Cocktail : 75 Dhs ; bière : 47 Dhs • Résa obligatoire • Tenue correcte exigée.**

## CAVALLI CLUB
**Resto-bar-club** ⑫ Plan D2

Lancé en collaboration avec le créateur italien Roberto Cavalli, ce restaurant-bar-club est le rendez-vous des jet-setters, des starlettes et des people de passage à Dubaï pour faire la fête façon Croisette. Une expérience (au bon goût discutable) qui offre le summum du luxe : vous passerez la soirée juste au-dessous d'immenses nuages de cristaux Swarovski. Vous l'aurez vite compris, ici on vient pour voir et être vu !

**Fairmont Hotel, Sheikh Zayed Road • M° World Trade Centre • ☎ 04 332 9260 • http://dubai.cavalliclub.com • T.l.j. 20h30-3h • Le w.-e. : 300 Dhs minimum par pers. ; *Ladies Night* : lun. 150 Dhs • Accès libre ; résa obligatoire.**

## FIBBER MAGEE'S
**Pub** ⑬ Plan D2

De l'extérieur, une façade aux couleurs du trèfle irlandais. Dedans, une pièce étroite digne d'une taverne campagnarde avec des tonneaux, des poutres massives et un parquet usé, c'est à s'y méprendre ! Un pub à l'authenticité bien réelle puisque Fibber Magee's officie depuis les 1990's, l'équivalent d'un siècle en années dubaïotes. Sessions de musique folk tous les premiers mercredis du mois environ.

**Sheikh Zayed Road, derrière Saeed Tower 1 • M° World Trade Centre • ☎ 04 332 2400 • www.fibbersdubai.com • T.l.j. 8h-2h ; happy hour : ven.-mer. 16h-19h • Bière : env. 30 Dhs.**

## LEVEL 43 SKY LOUNGE
**Bar** ⑭ Plan D2

À ne pas rater lors de votre passage à Dubaï, sauf si vous êtes sujet au vertige. Venez admirer ce bar surtout en plein air, loti au 43e étage du Four Points à plus de 155 m au-dessus du sol avec un des plus spectaculaires points de vue sur la ville. D'en haut, on observera l'étendue de la très fréquentée et animée Sheikh Zayed Road. À vous les photos avec la ville illuminée en arrière-plan !

**Four Points by Sheraton Hotel, level 43, Sheikh Zayed Road • M° Financial Centre • ☎ 056 414 2213 • www.level43lounge.com • T.l.j. 14h-2h ; *Saxophone Night* mer. et sam. 9h-minuit ; *Ladies Night* : mar. 20h-23h • Cocktail : à partir de 70 Dhs ; bière : 47-56 Dhs • Âge : + de 21 ans.**

## VIEW BY DUSIT
**Bar-restaurant** ⑮ Plan D2

L'architecture de cette tour réputée emprunte le geste

• M° Business Bay • ☎ 04 369 0000 • www.steigenberger.com • Dim.-mer. 16h-2h, jeu.-sam. 16h-3h ; happy hour : t.l.j. 17h-20h • Verre de vin : 45 Dhs ; cocktail : 65 Dhs • Résa conseillée • Tenue correcte exigée.

## BABIOLE
**Bar-restaurant** ㉑ Plan D3

Situé au 44e étage, Babiole a de beaux atours. Le restaurant fait sensation avec ses nappes blanches à la française et ses lanternes illuminées. Mais si vous voulez éviter une addition corsée, passez votre chemin et allez directement au bar de la terrasse. C'est ici qu'il faut se concentrer car côté comptoir, le DJ résident met un peu d'ambiance. Côté sensation, le cœur chavire devant la vue infinie.
Hôtel Hilton Dubai Al Habtoor City, level 44 ; le long de Dubai Canal • M° Business Bay • ☎ 04 437 0077 ou 05 651 54665 • http://babioledubai.com • T.l.j. 12h-2h • Verre de vin : à partir de 60 Dhs ; cocktail : à partir de 85 Dhs.

## LA PERLE BY DRAGONE
**Spectacle** ㉒ Plan D3

Le spectacle en résidence de la compagnie Dragone est un conte féerique qui éclabousse (au premier rang, littéralement) ! L'histoire est un peu nébuleuse mais les tableaux spectaculaires, et les performances oniriques s'enchaînent prodigieusement. Pantin gigantesque, saltimbanques marchant au plafond, cascades d'eau, plongeons vertigineux dans une piscine, motos suspendues... Avec des enfants, à faire absolument !
Al Habtoor City, à côté du Dubai Canal et du Hilton • M° Business Bay • ☎ 04 437 0001 • www.laperle.com • Mar.-sam., à 19h ou 21h30 • 4 catégories de tarifs : de 630 à 1 680 Dhs ; offres préférentielles sur le site Internet.

# Jumeirah et Satwa (Quartier 5 - p. 52)

## MALECON
**Bar-club** ㉓ Plan D2

Installé dans l'enceinte Dubai Marine Beach, le club latino aux murs couverts de graffitis et de portraits de Che Guevara est l'un des plus sympas pour danser la salsa ou le mérengué. En début de soirée, un groupe de musique latine (de nationalité philippine !) vous invitera à danser sur la piste. L'ambiance est bon enfant et sans chichis. On y passe des tubes plus en vogue un peu plus tard dans la soirée.
Dubai Marine Beach Resort and Spa, Jumeirah Beach Road, Jumeirah 1 • ☎ 04 346 1111 • www.dxbmarine.com • T.l.j. 19h-3h.

## SHO CHO
**Bar-restaurant** ㉔ Plan D2

Sho Cho fut l'un des pionniers dans le milieu de la fête. Situé au bord de la plage, ce bar-restaurant

# Nos meilleurs lieux POUR FAIRE LA FÊTE

**Lieux nocturnes enchanteurs, pistes de danse en terrasse et plages endiablées, Dubaï attire tous les papillons de nuit, même de jour... Voici ses incontournables.**

## CAVALLI CLUB

Ce club très sélect est le rendez-vous des jet-setters, des belles de nuit, des cadors... Voir p. 141, **DIFC.**

## BLUE MARLIN IBIZA

Pour faire la fête au bord de l'eau dès la mi-journée sur des musiques hip-hop et électro. Voir p. 157, **Autour de Dubaï.**

## ZERO GRAVITY

Un tour de cadran en musique avec piscine en verre, bains de soleil et vue sur la skyline. Voir p. 151, **Dubaï Marina et JBR.**

## THE WHITE

Plébiscité, ce club à ciel ouvert est le temple festif des fans de RnB. Voir p. 156, **Autour de Dubaï.**

## SOHO GARDEN

Les caïds de la nuit sont de sortie, les dandys aussi, sortez vos plus beaux atours ! Voir p. 156, **Autour de Dubaï.**

## CIELO

Ambiance chic et choc, néons pop et décibels ascensionnels. Venez tutoyer les étoiles ! Voir p. 137, **Deira.**

Cavalli Club

japonais au style moderne épuré avec ses fauteuils en cuir blanc et ses lumières bleues tamisées réunit depuis longtemps du beau monde. Oubliez votre soirée romantique à deux, c'est une sortie à faire en groupe ! L'ambiance reste tout de même plutôt sage en semaine.

**Dubai Marine Beach Resort and Spa, Jumeirah Beach Road, Jumeirah 1 • ☎ 04 346 1111 • www.sho-cho.com • Dim.-ven. 19h-3h ; DJ set dim.-ven. à partir de 22h • Cocktail : 46 Dhs, bière : 35 Dhs.**

## NIKKI BEACH
**Beach club** ㉕ Plan D1

Le beach-club labellisé, initié à Miami en 1998, est un peu une caricature des après-midi farniente pour jeunesse dorée et insouciante, prolongées les soirs de week-end par des soirées rythmées et arrosées de gobelets arcs-en-ciel et de flûtes pétillantes. Sur du sable immaculé ou dans une piscine parsemée de flamants roses et autres créatures gonflables, Nikki Beach s'adresse à un public qui apprécie la légèreté. Vous êtes prévenus !

**Mikki Beach Resort & Spa, presqu'île Pearl Jumeirah, Jumeirah 1 • ☎ 04 376 6162 • https://dubai.nikkibeach.com • T.l.j. 11h-minuit ; happy hour : t.l.j. 15h-17h • Verre de rosé : à partir de 65 Dhs ; bière : 45 Dhs • Résa conseillée.**

## PISCO BAR & LOUNGE AT COYA
**Bar-restaurant** ㉖ Plan D2

Balayez cachaças, tequilas et absinthes ! La nouvelle vague des connaisseurs de spiritueux, c'est le pisco. L'eau de vie typiquement péruvienne est obtenue par distillation du raisin, sans vieillissement en fûts de chêne. Sur le palais, un alcool au coffre brut mis en exergue au bar interminable du restaurant Coya. Une dégustation décapante avec des infusions maison Pisco Sour dans un décor Incas-conquistadors revisité.

**Coya Restaurant Village, Four Seasons Resort, Jumeirah Beach Road, Jumeirah 2 • ☎ 04 316 9600 • www.coyarestaurant.com • Sam.-mar. 12h30-1h, mer.-ven. 12h30-2h • Pisco : 35-80 Dhs ; verre de vin : à partir de 55 Dhs • Résa conseillée • Tenue correcte exigée.**

## COCA-COLA ARENA
**Auditorium** ㉗ Plan D2

Inauguré en juin 2019, Coca-Cola Arena dote la ville d'une salle moderne et adaptée pour recevoir de prestigieux spectacles. Située en plein centre, la superstructure polyvalente a une capacité de 17 000 places et ambitionne d'accueillir les plus grands interprètes, des rencontres sportives internationales... L'arène a été conçue dans une optique de développement durable en intégrant des technologies vertes.

**Coca-Cola Arena Plaza, Al Albaany Street (58A Road), City Walk 2 • M° Burj Khalifa / Dubai Mall • ☎ 800 22 33 89 • www.coca-cola-arena.com • Tarifs et horaires variables selon la programmation, voir le site de résa en ligne.**

Lady J & The Royal Vagabonds au Green Room

## GRAPESKIN
**Bar à vins** ㉘ Plan D2

Lorsque la ville s'embrase, Grapeskin affine ses lames et sort les planches à découper. Les assiettes fromage-charcuterie se partagent entre copains dans une ambiance décontractée. Sous les lumières, des tables robustes ; sur la terrasse enveloppante, des canapés ; et dans la cave, une large sélection pour une initiation intercontinental. Le fond de l'air, lui, est exaltant et musical…

La Ville Hotel, ground floor (dans l'arrière-cour), Al Multaqa Street, City Walk 2 • M° Burj Khalifa / Dubai Mall • ☎ 04 403 3111 ou 05 4309 5948 • www.livelaville.com • Dim.-mer. 16h-1h, jeu.-sam. 13h-2h ; happy hour : dim.-mer. 16h-20h, jeu.-sam. 13h-20h • Verre de vin : à partir de 35 Dhs ; menu *Grape & Cheese Discovery* : 85-225 Dhs • Résa conseillée.

## THE GREEN ROOM
**Club de jazz** ㉙ Plan D2

Il y a dans l'air comme un souffle de bar clandestin des années 1920, à l'époque de la prohibition. Barman distingué, lumières diffuses, laiton brossé et esthétique géométrique, l'élégance de ce club est subtile. Vous n'assisterez pas à une rafle de barbouzes ; ce qui est prohibé, ici, c'est la mauvaise musique. Le jazz est évidemment l'échine de ce temple du swing.

Au-dessus du Galvin Bistrot & Bar, City Walk 2 • M° Burj Khalifa / Dubai Mall

• ☎ 04 590 5444 • www.greenroomdxb.com • Mer.-sam. 21h-2h ; fermé l'été • Cocktail : 50-65 Dhs • Résa conseillée • Tenue correcte exigée • Âge : + de 21 ans.

Look Up

## LOOK UP
**Bar lounge** ㉚ Plan D2

Si vous aimez les panoramas, les sorties scintillantes en plein air, trinquer avec classe et faire quelques selfies réussis, Look Up est la belle équation gagnante. Un DJ, une ambiance *LA vibes* et surtout une piscine à débordement dont l'effet miroir reflète l'horizon des audacieuses tours de Downtown. Essayez le Grapefruit Collins à 30 Dhs pendant l'happy hour. Le must à 650 Dhs : la nuit de la Saint-Sylvestre devant les feux d'artifice.
**La Ville Hotel, level 5, Al Multaqa Street, City Walk 2 • M° Burj Khalifa / Dubai Mall • ☎ 04 403 3111 ou 05 4309 5948 • www.livelaville.com • T.l.j. 10h-1h ; accès piscine dès 7h (100 Dhs/jour, 150 Dhs le w.-e.) • Cocktails : 50-65 Dhs • Résa conseillée • Tenue correcte exigée.**

# Jumeirah, Umm Suqeim et le Burj al-Arab (Quartier 6 – p. 58)

## GOLD ON 27
**Bar** ㉛ Plan B4

L'élément 79 est le nombre atomique de l'or. C'est aussi le nom du mocktail phare du fastueux bar doré du Burj al-Arab, saupoudré de particules d'or ! Tous les cocktails sont préparés par un expert primé en mixologie. À défaut de vous offrir une chambre, faites au moins une fois l'expérience de boire un verre dans l'hôtel le plus cher du monde. Vous serez suspendu à 200 m de haut, face à l'immensité obscure du golfe Persique.
**Burj al-Arab, level 27, Jumeirah Beach Road, Umm Suqeim 3 • ☎ 800 46 536 627 (résa simplifiée sur l'application Smartphone Gold on 27) • http://goldon27.com • T.l.j. 16h-minuit • 2 options de dépense minimum : 275 Dhs/pers ou 475 Dhs/pers. • Résa obligatoire • Tenue correcte exigée • Âge : + de 21 ans.**

## KOUBBA BAR
**Bar-restaurant** ㉜ Plan B4

Dans une atmosphère orientale classique et chic, savourez un excellent plateau de mezze (53-63 Dhs) et un cocktail maison (67 Dhs) avec ou sans chicha sur une terrasse magnifique donnant sur le Burj al-Arab. Bonheur assuré !

**Jumeirah Al Qasr Hotel, King Salman Bin Abdulaziz Al Saud Street, Al Sufouh 1 • ☎ 04 432 3232 • www.jumeirah.com • Sam.-jeu. 17h-3h, ven. 16h-3h.**

## TRADER VIC'S
**Bar-restaurant** ㉝ Plan B4

Trader Vic's surfe entre un voyage à La Havane et la découverte d'une paillote tiki dans une île polynésienne. Les week-ends, il règne une atmosphère de vacances sous les tropiques avec un live de chanteurs cubains. Sur des airs de salsa, vous pourrez jouer les flibustiers et commander du rhum vieux ou un Punch coco.

**Souk Madinat Jumeirah, King Salman Bin Abdulaziz Al Saud Street, Al Sufouh 1 • ☎ 04 368 6559 • www.tradervicsmadinat.com • T.l.j. 12h-1h30 • *Rhum keg* (4 pers.) : 173 Dhs ; *Tiki bowl* (2 pers.) : 99 Dhs.**

## MADINAT THEATRE
**Théâtre** ㉞ Plan B4

Créée en 2004, c'est l'une des plus belles salles de spectacle de la ville. Ce lieu de 450 places accueille les comiques de la scène anglophone et de nombreux spectacles dédiés aux enfants mais aussi des projections, concerts, des ballets... La programmation est encore un peu irrégulière.

**Madinat Jumeirah, King Salman Bin Abdulaziz Al Saud Street, Al Sufouh 1 • M° Mall of the Emirates • ☎ 04 366 6546 • https://madinatjumeirah.etixdubai.com • Programmation en ligne et sur la page Facebook • Billet : 150-300 Dhs.**

## BAHRI BAR
**Bar** ㉟ Plan B4

À l'heure de l'apéritif, profitez d'une vue sublime sur le Burj al-Arab en sirotant un Cosmopolitan en terrasse autour de quelques snacks à partager, avec en prime les palmiers et les canaux. Le tout dans un décor d'arabesques agrémenté de fauteuils club et de tapis persans. L'atmosphère paisible en début de soirée laisse place à des groupes live les mercredis et samedis dès 20h. D'autres soirs (mar., jeu., ven.), un DJ assure le son jusqu'à 1h30.

**Mina A'Salam Hotel, King Salman Bin Abdulaziz Al Saud Street, Al Sufouh 1 • ☎ 04 432 3232 • www.jumeirah.com • Sam.-mer. 16h-2h, jeu.-ven. 16h-3h • Cocktail : à partir de 63 Dhs ; verre de vin : à partir de 38 Dhs ; bière : 48 Dhs • Âge : + de 21 ans.**

## SHIMMERS
**Bar-restaurant lounge** ㊱ Plan B4

*Shimmer* veut dire chatoyer... et c'est exactement ce qui vous attend dans ce restaurant grec posté à quelques mètres de la mer. Un miroitement d'eaux scintillantes et de crépuscule embrasé avec le meilleur spot de la ville pour admirer les couleurs nocturnes du Burj al-Arab. Côté lounge, c'est bien plus confortable, avec au choix, des banquettes ou des *bean bags* ensablés dont vous ne décollerez plus.

**Mina A'Salam Hotel, sur la plage, King Salman Bin Abdulaziz Al Saud Street, Al Sufouh 1 • ☎ 04 432 3232 • www.jumeirah.com • T.l.j. 12h-00h30 ; Live DJ : t.l.j. 16h-19h • Cocktail : à partir de 60 Dhs.**

## Al Quoz et Alsekal Avenue (Quartier 7 - p. 64)

### CINEMA AKIL
### Art et essai ㊲ Plan C4

Oubliez les blockbusters 3D, 4D dans les multiplexes standardisés. Chez Cinema Akil, vous serez transportés dans une salle glamour Art déco accolée à un salon de thé-snack hindi. Cinéma nomade pop-up, la plateforme cinématographique s'est sédentarisée. Elle diffuse des films régionaux et internationaux acclamés par la critique, par cycles ou genres. La programmation bouscule les codes conformistes. Une ode au 7e art !

**Alserkal Avenue, 17th Street ou 6A Street, Warehouse 68, Al Quoz 1 • M° Noor Bank • ☎ 05 8524 6362 • www.cinemaakil.com • Programmation presque quotidienne, vérifier l'agenda en ligne • Entrée : 56,50 Dhs.**

Cinema Akil

### THE FRIDGE
**Concerts** ㊳ Plan C4

Ce lieu unique occupe le devant de la scène underground, dans l'un des entrepôts d'Alserkal Avenue. La salle de concerts s'adresse à un public de connaisseurs (on n'y vient pas pour écouter les refrains commerciaux) et encourage les meilleurs talents locaux à se produire en live. The Fridge a su réveiller le paysage musical de Dubaï en proposant des concerts classiques, jazz, rock, funk et hip-hop.

**Alserkal Avenue, 17th Street ou 6A Street, Warehouse 5, Al Quoz 1, M° Noor Bank • ☎ 04 347 7793 • www.thefridgedubai.com • Programmation sur le site Internet • Billet : 50 Dhs.**

## Dubai Marina et JBR (Quartier 8 - p. 68)

### ZERO GRAVITY
**Beach bar** ㊴ Plan A5

Ce joli complexe sur une plage privée avec piscine et DJ offre diverses options pour faire la fête sous un soleil de plomb ou comme un oiseau de nuit. Vous pouvez prendre un pass à la journée, qui vous donne accès à la plage et à la piscine avec un bon à consommer de 50 Dhs (100 Dhs le week-end) ou venir profiter des réjouissances plus tard dans la nuit.

**Skydive Dubai Drop Zone, Dubai Marina • M° DAMAC Properties • ☎ 04 399 0009 • http://0-gravity.ae • Beach Side : t.l.j. 10h-19h ; resto & jardin : 10h-1h (jeu.-ven. 8h-3h) • Entrée pass single : 150 Dhs, 250 Dhs le w.-e ; accès gratuit pour les femmes mar. 10h-19h.**

### BUDDHA BAR
**Bar-restaurant** ㊵ Plan B5

Le célèbre Buddha Bar s'est implanté en plein cœur de ce quartier jeune et prisé. Ce lieu à part abrite un restaurant et un bar servant une belle sélection de spiritueux. Sans surprise, il est aux couleurs de l'empire céleste, avec une dominante rouge et une large baie vitrée captivante tournée vers la marina. Attablez-vous au comptoir, dans les microsalons feutrés et intimes, ou un peu plus tard, montez à l'étage pour y danser.

**Grosvenor House, Al Emreef Street, Dubai Marina • M° DAMAC Properties • ☎ 04 431 7600 • www.buddhabar-dubai.com • Sam.-mer. 19h-1h, jeu.-ven. 19h-2h ; *Ladies Night* : lun. 19h-22h ; DJ set : à partir de 22h • Cocktail : 60 Dhs ; bière : 50 Dhs.**

### SIDDHARTA LOUNGE
**Bar** ㊶ Plan B5

Le cadet du Buddha Bar (situé juste en face) est le repaire chic et trendy de nombreux expatriés. Un ascenseur arrive directement sur le toit-terrasse du bar avec vue imprenable sur la Cayan

Siddharta Lounge

Tower et la piscine azur. Cadre sublime et élégant, avec une ambiance lounge contemporaine. On s'assied sur des marches d'un blanc immaculé recouvertes de coussins ou des divans moelleux en sirotant des cocktails signature qui font la réputation du lieu.

**Grosvenor House, Al Emreef Street, Dubai Marina • M° DAMAC Properties • ☎ 04 317 6000 • www.siddhartalounge.com • Sam.-mer. 17h-minuit, jeu.-ven. 17h-1h, happy hour « gone for sunset » : t.l.j. 17h-20h • Cocktail : 60 Dhs ; bière : 42 Dhs • DJ en résidence.**

## PURE SKY LOUNGE AND DINING

**Bar lounge** ㊷ Plan A5

Entre chien et loup, hissez-vous jusqu'au 35e étage des résidences Hilton et laissez-vous glisser dans l'une des banquettes de ce lieu aux blancs purs et touches de cyan. À l'horizon, le tableau clair-obscur des îles artificielles nargue les rives de JBR. Sous vos yeux, une margarita aux contours salés et un bar fluorescent sur une musique lounge évidemment !

**Hilton Dubai, level 35, The Walk, JBR • M° DAMAC Properties • ☎ 04 374 7888 • https://www3.hilton.com • Dim.-jeu. 17h-1h, ven.-sam. 17h-2h ; happy hour : t.l.j. 19h-21h ; *Ladies Night* : mar. dès 21h • Bière : à partir de 35 Dhs ; cocktail XXI (pour 7) : 293 Dhs ; apéritif : 49 Dhs • Résa conseillée • Tenue correcte exigée.**

## SHADES

**Bar-restaurant** ㊸ Plan A5

Shades est le meilleur spot en extérieur pour surplomber la marina et ses hautes tours, donnant sur une immense piscine

à débordement. Chaises longues, poufs, canapés et tables, il y en a pour tous les goûts. Vous pouvez vous installer au bar-restaurant très agréable pour une soirée à deux ou entre amis, avant ou après votre dîner. Le tout dans un environnement chic mais pas trop guindé.
**Address Dubai Marina Hotel, Al Marsa Street 66 • M°/tram : DAMAC Properties • ☎ 04 436 7777 • www.theaddress.com • T.l.j. 9h-1h • Cocktail : 52 Dhs, bière : 44-63 Dhs.**

## ASIA ASIA
**Bar-restaurant** (44) Plan A5

Asia Asia n'est pas un bar pour se trémousser toute une soirée, faire des rencontres ou refaire le monde. C'est juste un bel endroit seyant pour liquider la fatigue d'une journée (c'est parfois épuisant, les vacances !). Rouge passe-velours, cages suspendues, gong en bronze et compartiments feutrés, impeccable pour une mise en bouche apéritive avant d'aller se dévergonder ailleurs ou dîner sur place en terrasse.
**Pier 7, level 6, Dubai Marina • M° DAMAC Properties • ☎ 04 276 5900 • www.asia-asia.com • Dim.-lun. et mer. 18h-1h, mar. jeu. 18h-2h, ven. 14h-2h, sam. 14h-1h • Verre de saké : 55 Dhs ; verre de vin : à partir de 55 Dhs.**

## BARASTI
**Beach club** (45) Plan B5

C'est l'un des beach clubs les plus populaires de la ville. On y danse pieds nus dans le sable avec un choix de trois bars sur deux niveaux. L'animation est assurée tous les soirs (concerts, DJ). Pensez à vérifier le calendrier pour voir ce qu'il s'y passe lors de votre visite. À noter qu'il y a un chantier de construction adjacent, à éviter en journée !
**Meridien Mina Seyahi Beach Resort & Marina, King Salman Bin Abdulaziz Al Saud Street • Tram : Mina Seyahi • ☎ 04 318 1313 • www.barastibeach.com • Dim.-mer. 10h-1h30, jeu.-ven. 22h-3h, sam. 9h-1h30 • Cocktail : 50 Dhs ; verre de vin : 42 Dhs ; bière : 40 Dhs.**

Asia Asia

## LOCK STOCK AND BARREL
**Bar-concerts** ㊻ Plan B5

Ce bar branché de JBR au style industriel vous entraîne sur les docks d'une métropole nocturne. Containers, passerelles d'usine, murs de briques et banquettes en cuir version *Taxi Driver*, c'est un carnaval street art bien huilé pour venir faire le plein de musique. Pour les divertissements, tables de billard, groupes live *unplugged* et une atmosphère électrique de *bad boys* assagis.

Rixos Premium Hotel JBR, The Walk • M° DAMAC Properties • ☎ 04 392 7120 • www.lsbdubai.com • Lun.-jeu. 16h-3h, ven. 13h-3h, sam.-dim. 14h-3h ; happy hour : t.l.j. 16h-20h, *Ladies Night* : mar. 18h-1h • Bière : à partir de 35 Dhs ; cocktail : à partir de 55 Dhs • Âge : + de 21 ans.

## THE JETTY LOUNGE
**Bar** ㊼ Plan B5

C'est un endroit plébiscité pour assister au coucher du soleil les pieds dans le sable. Situé dans le luxueux hôtel One & Only Royal Mirage, le Jetty vous offrira un bon mix entre détente et lieu hypertendance. On aime le fond musical lounge, le mobilier design et lumineux, et la jolie vue sur la mer. Attention, les places sont chères : premier arrivé, premier servi.

One & Only Royal Mirage Hotel, King Salman Bin Abdulaziz Al Saud Street • Tram : Media City • ☎ 04 399 9999 • www.oneandonlyresorts.com • T.l.j. 14h-2h • Cocktail : 65 Dhs ; bière : 48 Dhs • Résa conseillée • Tenue correcte exigée.

# Palm Jumeirah (Quartier 9 - p. 74)

## MUSICHALL
**Music-hall** ⑱ Plan A5

Ce concept a d'abord été pensé à Beyrouth par Michel Éléftériadès, un artiste et entrepreneur libanais. Le MusicHall est devenu en quelques mois une institution. Une idée géniale qui réunit sur scène chaque week-end une quinzaine de groupes internationaux, éclectiques mais surtout de qualité. Une soirée branchée, ni trop guindée ni trop « show off ». Si vous avez un plus gros budget, vous pourrez dîner sur place à même la scène. Dès 23h, choisissez une table plus en retrait car la salle est en folie et plus personne ne reste assis !

**Jumeirah Zabeel Saray, West Crescent • Accès en taxi • ☎ 056 270 8670 • www.themusichall.com • Jeu.-ven. 21h-3h • Entrée : 450 Dhs/pers. pour réserver une table ou 300 Dhs pour un siège au bar.**

## SOBE
**Bar lounge** ㊾ Plan A5

Situé à l'extrêmité du croissant ouest de la Palm Jumeirah, SoBe est la nouvelle aire de jeu récréative des fêtards dubaoïtes. Le toit-terrasse mélange les genres, entre terrain de basket urbain, culture latino et Miami *vibes*. Une pléthore de néons rose-violet enguirlande le tout, la vue à 360° s'acquitte du reste. Côté groove, ça manque juste encore un peu de densité pour aller se déhancher.

**Hôtel W Dubai The Palm, West Crescent, • Accès en taxi • ☎ 04 245 5555 • https://www.marriott.com/hotels/travel/dxbtp-w-dubai-the-palm/ • Sam.-mar. 16h-1h, mer.-jeu. 16h-3h • Apéritif : 45 Dhs ; cocktail « pick your poison » : 55-65 Dhs • Résa conseillée • Tenue correcte exigée.**

## THE BEACH HOUSE
**Bar-restaurant** ㊿ Plan B4

Voici une belle adresse sur la Palm pour commencer la soirée en amoureux. Le lieu est avant tout un restaurant, mais il est ouvert à tous pour un simple verre, même si on n'est pas client de l'hôtel. Une pergola blanche abrite quelques divans et une marche vous sépare de la plage. Commandez un cocktail After the sand storm (95 Dhs) ou The last survivor (70 Dhs), comme si vous étiez le dernier résident terrien, et ne vous préoccupez plus de rien...

**Anantara The Palm Hotel, East Crescent • Accès en taxi • ☎ 04 567 8304 • https://www.anantara.com/fr/palm-dubai • T.l.j. 12h-16h et 19h-23h30 • Résa conseillée • Tenue correcte exigée.**

## NASIMI BEACH
**Beach club** ㊶ Plan A4

Les jet-setters se sont emparés de la plage l'Atlantis. Ils s'y prélassent sur des canapés blancs et des lits

Nasimi Beach

au bord de l'eau, en sirotant des cocktails créatifs et colorés. C'est l'endroit idéal pour se détendre pendant la journée, parfaire son bronzage et attendre la tombée de la nuit pour voir la plage Nasimi s'animer avec des DJ résidents ou internationaux, selon les soirées.
Hôtel Atlantis, Crescent Road • Accès en Palm Monorail ou en taxi • ☎ 055 200 4321 • www.atlantisthepalm.com • Dim.-jeu. 11h-minuit, ven.-sam. 9h-1h; fermé en été • Accès gratuit pour les femmes; pour les hommes : 150 Dhs dim.-jeu et 250 Dhs ven.-sam, valable en consommations • Cocktail : 60 Dhs; bière : 28-50 Dhs • Âge : + de 21 ans.

## Autour de Dubaï (Visite 10 - p. 80)

### SOHO GARDEN
**Club** ㊷ Plan E3

Le petit dernier des night-clubs dubaïotes s'adapte à toutes les envies (Soho Social, Soho Live). Quatre bars élégants se disputent la place, avec chacun sa propre identité. Le Negroni, le Bellini, le Tiki et le Glasshouse (notre préféré !). Serres, mezzanines, piscines, larges fauteuils et nombreux dance floors... De quoi chalouper toute la nuit avec des cocktails perroquet pour s'occuper les mains !
Meydan Racecourse, Grandstand, Nad Al Sheba 1 • Accès en taxi (15 min de Downtown) • ☎ 056 822 2559 • https://sohogardendxb.com • T.l.j. 19h-3h; *Ladies Night* : mer. • Cocktails : 65-85 Dhs; bière : 40-65 Dhs • Résa conseillée • Tenue correcte exigée.

### THE WHITE
**Club** ㊸ Plan E3

The White est réputé être le meilleur club RnB de Dubaï à ciel ouvert. Les Dubaïotes y vont pour la musique et la piste de danse enflammée, mais aussi pour les spectacles de trapézistes et autres performances scéniques chorégraphiées. Attention au *dress code* : ici , c'est strictement *impress*. Vous entrez dans un club sélectif.
Meydan Racecourse, Grandstand Rooftop, Nad Al Sheba 1 • Accès en taxi (15-20 min du centre-ville) : env. 40-60 Dhs • ☎ 050 443 0933 • www.whitedubai.com • Jeu.-sam. 23h-4h; fermé en été • Accès libre, tables sur résa : à partir de 3 000 Dhs • Tenue correcte exigée.

### BLUE MARLIN IBIZA
**Beach club** ⑭ Plan Visite 10

Le légendaire club d'Ibiza s'est installé entre Dubaï et Abu Dhabi. Dès 13h on y brunche, profitant des piscines et de la plage, équipées de canapés et lits extérieurs. À la tombée de la nuit, la musique lounge bascule en son hip-hop, RnB et électro jusqu'à la fermeture (pas si tardive : 23h).

**Prendre Sheikh Zayed Road, sortie 399 Ghantoot, puis direction Golden Tulip Al Jazira Hotel • Taxi depuis Dubaï : 100-150 Dhs • ☎ 056 113 3400 • www.bluemarlinibiza-uae.com • Ven.-sam. 13h-23h • Accès libre ; cocktail : 70 Dhs • Résa obligatoire.**

### DUBAI DRUMS
**Percussions** ⑮ Plan visite 10

Les soirs de pleine lune, des individus sémillants envahissent un camp nomade au ras des dunes. Une ribambelle d'amis et de familles assistent et participent à un drôle de rituel, une incantation à la lune ! Et pour communiquer avec elle, une armée de tambours et quelques coachs motivés pour orchestrer le rythme. Au cœur de l'action, c'est une cacophonie joyeuse et une communion divine avec les éléments !

**Point de rdv : Al Awir ; accès par la E611 (env. 20 min de Downtown). Puis 4x4 navette vers le camp • ☎ 056 744 2129 • www.dubaidrums.com • Les soirs de pleine lune sauf l'été ; arrivée 18-19h, retour jusqu'à minuit • Adulte : 270 Dhs ; enfant : 20- 115 Dhs (4x4, percussions, buffet, boissons et activités inclus) • Pas de licence d'alcool • Résa obligatoire.**

### RAJMAHAL THEATRE
**Spectacles** ⑯ Plan visite 10

Bollywood Parks célèbre l'industrie et la culture cinématographiques indiennes. Le théâtre, élément culminant du parc d'attractions, suit les traditions architecturales du Rajasthan et l'intérieur, grandiose, offre l'atmosphère d'un palais millénaire. Les prestations scéniques Bombay-Broadway sont à la hauteur du phénomène : drames épiques, danses sensuelles et refrains entêtants... Du kitsch jubilatoire !

**Bollywood Parks, Dubai Parks and Resorts, sortie 5 Sheikh Zayed Road (E11) ; à env. 15 min de Dubai Marina • ☎ 800 262 9464 • www.dubaiparksandresorts.com • Sam.-mer. 13h-22h, jeu.-ven. 13h-23h • Entrée parc : 175 Dhs • Programmation quotidienne en soirée, à confirmer sur place • Âge : + de 3 ans.**

## Abu Dhabi (Visite 11 - p. 90)

### RAY'S BAR
**Bar** ⑰ Plan J10

Au 62e étage du Jumeirah Hotel, découvrez le bar chic et branché de la capitale avec un panorama à vous faire pâlir ! Au coucher du soleil pour l'apéritif ou plus tard le soir, les expatriés d'Abu Dhabi viennent s'y détendre. Ambiance

*afterwork* puis clubbing, on s'installe au bar, à table ou dans un salon privé pour un cocktail. Les classiques sont honorés, commandez votre cocktail préféré ou laissez-vous surprendre !
**Jumeirah Hotel at Etihad Towers, level 62 • ☎ 02 811 5666 • www.jumeirah.com • T.l.j. 17h-2h ; happy hour : 17h-20h • Cocktails : 50-100 Dhs ; verre de vin : à partir de 35 Dhs • Résa. conseillée • Tenue correcte exigée.**

## EMIRATES PALACE AUDITORIUM
**Auditorium** ⑤⑧ Plan J10

Dans l'enceinte même de l'un des plus prestigieux palaces des ÉAU, cet auditorium de plus de 3 000 m² décoré partiellement de feuilles d'or accueille chaque saison le célèbre Abu Dhabi Classic Festival. Musique de chambre ou encore grands orchestres philarmoniques s'y produisent avec un plaisir d'écoute et une acoustique inégalables pour le plus grand bonheur des 1100 spectateurs.
**Emirates Palace, Corniche Road West, Al Ras Al Akhdar • ☎ 02 690 8896 • www.kempinski.com • Billet : à partir de 450 Dhs.**

## ASIA DE CUBA
**Bar-restaurant** ⑤⑨ Plan J10

Voici un très bel endroit au bord de la plage. Sur la terrasse colorée, le bar possède son propre pressoir de canne à sucre. Inutile de dire que les classiques sud-américains Cuba libre et Daiquiri (50 Dhs)

Ray's Bar

sont à tester les yeux fermés ! Des groupes live ambiance *barrio latino* se produisent régulièrement et tous les jours entre 16h et 20h, c'est El Cubanito, happy hour !

**Saint Regis Hotel, Nation Riviera Beach Club, Corniche Road • ☎ 02 699 3333 • https://asiadecuba.com/abu_dhabi • Bar : dim.-mer. 15h-minuit, jeu.-ven. 12h-2h, sam. 12h-minuit ; brunch : ven.-sam. 13h-16h, 350 Dhs (avec alcool).**

## DU ARENA
**Concerts** ⑥⓪ Plan L10

Point de rencontre musical entre le public de Dubaï et celui d'Abu Dhabi, la salle est située à l'entrée de la capitale des ÉAU. Du Arena est une immense salle de concerts en plein air. Elle accueille les plus grandes stars internationales : Andrea Bocelli, Madonna, les Rolling Stones, Eric Clapton, Justin Timberlake... Un son live ultime associé à des performances de haut niveau, vous ne serez pas déçu !

**Yas Island • ☎ 02 509 8143 • http://duforum.ae • Consulter le site Internet pour se renseigner sur la programmation et les tarifs, variables selon les événements.**

## SAADIYAT BEACH CLUB
**Beach club** ⑥① Plan K9

Protégée pour ses dunes, ses tortues et quelques dauphins, la plage paradisiaque de Saadiyat abrite aussi un club d'exception, afin d'ajouter au décor de carte postale. Attention, tenue correcte exigée ! Une fois ce détail réglé, vous pourrez profiter de son coucher de soleil sur la plage. Puis prolongez la nuit *al fresco* au bar lounge De La Costa où l'ambiance se réchauffe progressivement au son du DJ.

**Saadiyat Island ; accès par Sheikh Khalifa Bin Zayed Highway, à côté du golf, suivre le panneau jaune et blanc • ☎ 02 656 3500 • www.saadiyatbeachclub.ae • *Beach Day Pass* 9h-19h : 250 Dhs (350 Dhs le w.-e.) • Bar De La Costa : t.l.j. 17h-minuit ; Cocktail : 50 Dhs ; bière : 35 Dhs.**

## BUDDHA BAR BEACH
**Bar-restaurant** ⑥② Plan K9

Le Buddha Bar a trouvé refuge sur la sublime plage de Saadiyat pour sa nouvelle adresse. Le concept reste le même, si ce n'est le cadre qui s'affranchit des murs. La terrasse lounge offre une situation exceptionnelle dans un environnement raffiné et impeccable. Savourez les classiques du genre ou les cocktails signatures au rythme d'une sélection musicale de qualité. Un sans-faute !

**Saint Regis Resort, Saadiyat Island • ☎ 02 498 8888 • www.buddhabarbeachabudhabi.com • Sam.-mer. 12h-1h, jeu.-ven. 12h-2h ; DJ set lun.-sam. 21h • Cocktail signature : à partir de 50 Dhs.**

# Boutiques

## PAR QUARTIER

# Les coups de cœur DE NOTRE AUTEUR

**Des malls tentaculaires aux adresses confidentielles, Émilie a arpenté Dubaï pour dénicher le meilleur du shopping. Voici ses lieux favoris.**

## HOUSE OF BALLERINAS

Des chaussures françaises au style impeccable fabriquées à Dubaï, c'est mon adresse cocorico. Voir p. 166.

## SAMOVAR

Un marchand de tapis hors du commun ! Un jour je mettrai une de ses œuvres sous mes pieds. Voir p. 170.

## DAISO

La culture kawaii pop japonaise dans un bazar à prix minis. J'y vais tout le temps... Voir p. 166.

House of Ballerinas

Howlin' Rooster

## AKIN BARBER SHOP

Pour une coupe au cordeau ou rapporter LE tee-shirt de it-boy. Même les femmes vont chez Akin ! Voir p. 171.

## HOWLIN' ROOSTER

Je suis la groupie du guitariste ! Ce luthier habile façonne des instruments à corde récup'. Voir p. 66.

## THE COLLECTIVE BY RIPE

La pépite de créateurs et son café aux airs de Riad dans mon quartier underground préféré. Voir p. 174.

# À SAVOIR

## OÙ SHOPPER ?

Si l'on devait dresser une carte approximative de la mode à Dubaï, le **quartier des tendances et du luxe** se trouverait tout au long de Sheikh Zayed Road, dans ses gigantesques malls, passage obligé pour trouver les enseignes internationales. Pour les **adresses plus pointues et les créateurs,** rendez-vous plutôt vers Al Quoz, City Walk, Jumeirah et Umm Suqeim. Enfin, tout **ce qui est bon marché** se trouve vers Satwa, Bur Dubai et Deira, avec ses tailleurs, ses bazars et ses souks.

## HORAIRES D'OUVERTURE

Chaleur oblige, le monde arabe ne sort pas, ou tard. La population fait souvent ses courses en fin d'après-midi et le soir. La plupart des magasins ouvrent de **10h à 22h** et parfois jusqu'à minuit. Sachez que les **boutiques des quartiers populaires et historiques ferment souvent le vendredi matin** pour la prière et ouvrent leurs portes après 14h.

## PAYER SES ACHATS

**On ne négocie plus à Dubaï,** sauf dans les souks et auprès des marchands d'or. Le prix affiché est le prix à payer ! Les **cartes de paiement internationales sont acceptées partout** et bien souvent il n'y a pas de montant minimal. En revanche, il sera difficile de trouver preneur pour les travellers cheques. Les **ATM machines** (distributeurs de billets) sont **nombreux et fiables,** prononcez « eille-ti-m ». Vous trouverez des **bureaux de change dans tous les centres commerciaux, les bureaux de poste et les souks.** Évitez les hôtels aux taux souvent plus élevés. 100 Dhs valent environ 25 €.

## LA CONTREFAÇON

Attention, **la contrefaçon est très sévèrement réprimandée** aux ÉAU. Cela n'empêche pas le marché du faux d'avoir pignon sur rue (notamment à Karama, Dragon Mart, Satwa et dans les souks). Tout article contrefait sera saisi à la douane et vous serez passible d'une forte amende... Mieux vaut éviter !

### SE REPÉRER

**Chaque adresse de boutique est associée à une pastille rouge numérotée. Vous retrouverez toutes les adresses positionnées sur le plan détachable.**

# Boutiques PAR QUARTIER

## Bur Dubai (Quartier 1 - p. 24)

### WAFI MALL
**Mall** ① Plan E2

Un mall unique sur le thème de l'Égypte. Ses pyramides abritent des enseignes internationales de couture et prêt-à-porter. Faites une pause au fameux Wafi Gourmet, le restaurant-épicerie libanais ou allez dîner sous les étoiles au resto Seville's. Ce centre accueille aussi le **souk Khan Murjan** et le superbe Cleopatra's Spa. Tout cela sous le regard impassible des immenses pharaons immortalisés dans la pierre.

Oud Metha Road • M° Dubai Healthcare City • ☎ 04 324 4555 • www.wafi.com • T.l.j. 10h-minuit.
**Souk Khan Murjan :** t.l.j. 12h-minuit.

### THE MAJLIS GALLERY
**Galerie d'art** ② Plan H7

Découvrez ici la plus ancienne galerie d'art du quartier, ouverte en 1989. Majlis expose principalement des œuvres

Majlis Gallery

# Nos marchés PRÉFÉRÉES

**Souvenirs pittoresques, artisans de talent et stands éphémères... Qui n'a jamais succombé à l'appel des étals bien achalandés des marchés d'été, des ventes de créateurs et des vide-greniers ? Voici quelques adresses pour rapporter bibelots et perles rares.**

## THE MARKET AT THE BEACH ET COVENT GARDEN AT THE WALK

Deux marchés voisins, touristiques et estivaux, tout près de la mer. Voir p. 175, **Dubai Marina et JBR.**

## DUBAI FLEE MARKET

Repérez les dates de ce vide-grenier itinérant, puis aiguisez votre œil de lynx. Voir p. 165.

## RIPE MARKET

Un marché bio hebdomadaire en plein air, aux allures de kermesse, avec aussi des vêtements, de la déco... Voir p. 173, **Jumeirah et Umm Suqeim.**

## MARINA SOUK

Un pop up mensuel de créateurs, couvert et climatisé. Voir p. 172, **Jumeirah et Umm Suqeim.**

Ripe Market

d'artistes orientaux classiques et contemporains. Sa très jolie cour intérieure s'ouvre sur différentes petites salles qui accueillent des artistes locaux mais aussi internationaux. Un véritable petit havre de paix pour les amateurs d'art. On y trouve des tableaux, des céramiques, des sculptures et même de l'artisanat local… de quoi rapporter plein de souvenirs !

**Al Musallah Roundabout, Al Bastakiya • M° Al Fahidi • ☎ 04 353 6233 • www.themajlisgallery.com • Sam.-jeu. 10h-18h (1er juin-1er sept. 10h-14h).**

## Sheikh Zayed Road et DIFC (Quartier 3 - p. 42)

### 1847
**Spa hommes** ③ Plan D2

L'un des premiers spa pour hommes établis à Dubaï et l'une des meilleures références en la matière. Le cadre ressemble beaucoup à un club anglais. Les soins sont donnés par des hommes ou des femmes. Les plus réputés sont le soin du visage et l'épilation de la barbe au fil, pour une précision inégalable (bien que douloureuse, certes) !

**Emirates Towers Boulevard,level 1, Sheikh Zayed Road • M° Emirates Towers • ☎ 04 330 1847 • https://1847formen.com • T.l.j. 9h-22h • Autres adresses à City Walk, Marina JBR et Abu Dhabi.**

### Dubai Flee Market

Vous aimez chiner ? Chaque 1er et 2e vendredi soir du mois, un **vide-grenier itinérant** envahit les parcs de la ville pour un déballage d'articles d'occasion. Tous les objets *second hand* sont vendus par des résidents aux multiples nationalités, résolus à faire du tri. Vous êtes assuré de trouver des trésors (ou de la pacotille !) venus du monde entier. Connectez-vous sur le site pour vous tenir informé des prochaines ventes.

**☎ 05 5886 8939 • www.dubai-fleamarket.com • 1er et 2e ven. du mois, 18h-22h.**

### MOMENTUM
**Horloger vintage** ④ Plan D2

Depuis 2011, des passionnés de belles tocantes se sont associés pour exposer une collection impressionnante de montres uniques et vintage. Prenez le temps de trouver la pièce rare, ces somptueux mouvements ont un prix ! Si vous êtes à la recherche d'une série limitée, pariez sur cette équipe de mordus des rouages pour partir en chasse. Ils sont aussi acheteurs, réparateurs…

**The Gate Building, Marble Walk, level B1, DIFC • M° Emirates Towers • ☎ 04 327 4320 • https://momentum-dubai.com • Dim.-jeu. 10h-20h, sam. 12h-18h.**

## Downtown Dubai et le Burj Khalifa (Quartier 4 - p. 46)

### HOUSE OF BALLERINAS
**Chaussures** ⑤ Zoom Downtown Dubai

Voici la Rolls des ballerines. Les cuirs sont italiens, les semelles étudiées pour subir les températures caniculaires du pays, et les tissus européens. Derrière la chaussure emblématique, une *Frenchie of course*, qui gagne le pari d'insuffler un vent d'élégance à la française, tout en faisant fabriquer localement. Du 100 % fait main avec des prix à partir de 335 Dhs. Éthique, confort et chic !

**En vente chez Maison Clad Boutique, dans le restaurant La Serre, Vida Downtown Hotel • M° Burj Khalifa / Dubai Mall • ☎ 04 424 5018 • https://houseofballerinas.com • T l. j. 10h-19h.**

### KINOKUYA
**Librairie** ⑥ Zoom Downtown Dubai

Le dédale d'allées bien éclairées de cette librairie reste l'une des adresses phares pour découvrir la littérature arabe et anglophone. Et tomber sur un filon, section jeunesse, comme avec la série illustrée des femmes iconiques *Little People, Big Dreams* (65 Dhs). Et si vous avez oublié d'emporter un bon bouquin, il y a aussi un rayon francophone.

**Dubai Mall, level 2, Financial Centre Road • M° Burj Khalifa / Dubai Mall • ☎ 04 434 0111 • https://uae.kinokuniya.com • T l. j. 10h-minuit.**

### DAISO
**Bazar japonais** ⑦ Zoom Downtown Dubai

Code de survie chez Daiso : s'imposer un plafond à ne pas dépasser et tenir bon ! L'enseigne japonaise de bazar *kawaii* (mignon) est un attrape-client implacable à la contagion addictive. Vous repartirez les bras chargés de papeterie, d'ustensiles culinaires curieux et de gadgets ingénieux. Ne cherchez pas les prix, tout est à 7 Dhs, à quelques exceptions près étiquetées en jaune.

**Dubai Mall, lower ground floor, Financial Centre Road • M° Burj Khalifa / Dubai Mall • ☎ 04 388 2902 • http://daisome.com • Dim.-mer. 10h-22h, jeu.-sam. 10h-minuit.**

### CANDYLICIOUS
**Confiserie** ⑧ Zoom Downtown Dubai

Le paradis pour les enfants et les amateurs de sucre ! Entrez dans l'univers d'un conte gourmand, à mi-chemin entre *Hansel et Gretel* et *Charlie et la Chocolaterie*... Vous en ressortirez les poches pleines de sacs de bonbons et les doigts qui collent. Une overdose de sucre à portée de papilles pour une poignée de dirhams (1 Dh la sucette) !

**Dubai Mall, ground floor, Financial Centre**

Road • M° Burj Khalifa • ☎ 04 330 8700 • www.candyliciousshop.com • Dim.-mer. 10h-22h, jeu.-sam. 10h-minuit.

### THE CARTEL
**Mode** ⑨ Plan E3

Vous cherchez une marque pointue et underground ? The Cartel pourrait vous plaire ! Cette boutique de modeux ne pouvait élire domicile que dans le cœur arty et avant-gardiste de la ville, à D3. Sur fond de musique électro et ambiance minimaliste, les collections des créateurs sont exposées sur deux étages. Comptez au moins 500-1 000 Dhs pour une robe, 535 Dhs le parfum Henrik Vibskov. Building n° 9, Shop n° 105, Dubai Design District • M° Burj Khalifa / Dubai Mall, puis bus D3 à la sortie du métro • ☎ 055 725 1189 • https://thecartel.ae • Sam. 10h-18h, dim.-jeu. 9h-18h.

## Jumeirah et Satwa (Quartier 5 - p. 52)

### MERCATO SHOPPING MALL
**Mall** ⑩ Plan D2

Ce mall à taille humaine, à quelques pas de la plage, est un favori des résidents de longue date. Sa conception repose sur l'idée du marché à l'italienne avec des allées pavées et des façades colorées de style Renaissance. Les enseignes habituelles sont

Mercato Shopping Mall

présentes, mais aussi quelques bonnes surprises comme le petit concept store pour enfants créé par une Française, Caramel & Sun, ou les hamburgers bio de l'enseigne new-yorkaise Shake Shack.

**Jumeirah Beach Road, Jumeirah 1 • ☎ 04 344 4161 • www.mercatoshoppingmall.com • T.l.j. 10h-1h.**

## AL RIFAI
### Épicerie, confiserie ⑪ Plan D2

Al Rifai est le magnat libanais des douceurs sucré-salé, dont les vedettes sont les fruits à coque, mais aussi les fruits secs ou les pâtisseries orientales. Commandez des mélanges tout prêts ou choisissez une sélection au poids d'amandes KriKri, pois chiches, graines de courge... 9,95 Dhs les 200 g de maïs salé. Les variétés sont grillées, fumées, à la truffe, citronnée, au wasabi. Et vos achats peuvent être mis sous vide pour voyager.

**Mercato Shopping Mall, ground floor, Jumeirah Beach Road, Jumeirah 1 • ☎ 04 344 7528 • www.alrifaiarabia.com • T.l.j. 10h-1h.**

## HELLO KITTY BEAUTY SPA
### Spa enfants ⑫ Plan D2

Un spa pour enfants à l'effigie du célèbre chaton dans un boudoir façon Marie-Antoinette ? Voilà ce que propose ce concept exclusif, pensé par l'Émirienne Fatima Sharaf. Une belle occasion de se faire un tête-à-tête mère/fille en se faisant dorloter de la tête aux pieds. Manucure à 80 Dhs (60 Dhs pour les moins de 12 ans).

**Town Centre Jumeirah, Jumeirah Beach Road, Jumeirah 1 • ☎ 04 344 9598 • www.hellokittybeautyspa.com • T.l.j. 10h-22h.**

## YING YANG CONNECTION
### Spa ⑬ Plan D2

Ce centre de massage est de loin le meilleur de la ville pour ce qui est du rapport qualité/prix et du professionnalisme. Une équipe triée sur le volet et formée par le Dr Jason Zhang, un acupuncteur réputé dans la pratique des thérapies chinoises traditionnelles. Un spa à taille humaine, intimiste et sans maniérisme.

### Les soldes

Voilà une manière avertie de planifier vos vacances ! Si vous passez à Dubaï durant le **Dubai Shopping Festival** (janvier) ou le **Dubai Summer Surprises** (juin-juillet), vous pouvez être certain que vous aurez besoin d'une valise supplémentaire au retour de votre séjour ! Les mois du DSF et du DSS, c'est même tout le pays qui est en soldes ! La mode, la déco, le hight-tech, etc., sont quasiment bradés : entre -20 et -75 % sur le prix original.

**www.mydsf.ae**
**www.summerisdubai.com**

# Notre top
# DES MALLS

**Certains les adulent, fascinés, d'autres les fuient, exaspérés. Quel que soit votre penchant pour le lèche-vitrine, vous aurez probablement affaire à eux car aux Émirats, plus qu'ailleurs, le centre commercial reste un acteur incontournable de la vie sociale et culturelle. Voici les plus appréciés :**

## MALL OF THE EMIRATES

Sous les feux de la rampe pour sa piste de ski, « MOE » est aussi apprécié pour sa situation centrale. Voir p. 68, **Dubai Marina et JBR.**

## MERCATO SHOPPING MALL

Coloré et de taille raisonnable, un des chouchous dubaïotes. Voir p. 167, **Jumeirah et Satwa.**

## DUBAI MALL

C'est le plus grand et ce n'est pas fini... Un challenge pour ceux qui souhaitent en faire le tour ! Voir p. 48, **Downtown.**

## DRAGON MART

Un aller direct pour la Chine et un bazar couleur locale à prix imbattables. Voir p. 176, **Autour de Dubaï.**

Dubai Mall

Jumeirah Beach Road, The Village Mall ; en face du Jumeirah Plaza • ☎ 04 385 5155 • www.yinyang.ae • Sam.-jeu. 10h-23h • Massage du dos : 210 Dhs l'heure.

## THE DEN
**Décoration** ⑭ Plan D2

Voilà un espace de taille plutôt modeste, que la décoratrice d'intérieur belge Nadia Sallustio envahit habilement du sol au plafond. Chaque micro-mètre carré est aguicheur et toute la sélection est un pousse-au-crime. Des collections Maison Sarah Lavoine aux masques de chamanes panaméens Ethic & Tropic, il y a de quoi bousculer votre intérieur, entre déco subtile et art tribal à l'état pur.

City Walk Boulevard shop 12-05, City Walk 2 • M° Burj Khalifa / Dubai Mall • ☎ 05 6466 2338 • www.thedenconcept.com • T.l.j. 10h-20h • Serviettes à partir de 45 Dhs.

Samovar

## SAMOVAR
**Tapis** ⑮ Plan D2

Depuis quatre générations, une famille irakienne raconte une histoire de laine et de soie brodée. Le show-room est envoûtant, conçu comme un musée, chaque tapis tufté ou noué est un voyage vers l'imaginaire et s'affiche aux murs comme un tableau. Savant mélange de tradition et de modernité, Samovar édite aussi des collections capsules avec des stars de la mode comme Michael Cinco. Premier prix à 6 000 Dhs.

Building 19, Al Raya Street, City Walk 2 • M° Burj Khalifa/Dubai Mall • ☎ 04 244 3545 • http://samovarcarpets.com • Sam.-jeu. 10h-22h, ven. 14h-22h • Livraison dans le monde entier.

## LEVEL KIDS
**Mode enfant** ⑯ Plan D2

Level Kids l'a bien compris, nos chères têtes blondes et brunes sont des clients intraitables lorsqu'il s'agit de combler les désirs de robes de princesse ou de baskets iconiques. Le concept store déroule le tapis rouge aux plus grandes marques de luxe. Une mode enfantine raffinée (du berceau aux ados) avec, au troisième étage, un rayon entier déstockant les invendus,

de quoi faire des trouvailles de créateurs à prix abordable.
**Al Safa Street, City Walk 2 • M° Burj Khalifa / Dubai Mall • ☎ 800 538 355 437 • https://levelkids.com • T.l.j. 10h-23h.**

## AKIN BARBER SHOP

**Barbier** ⑰ Plan D2

Messieurs, voici la ligue des hommes coquets aux allures vestimentaires bien ajustées ! Le barber shop trendy est le salon des dandys pomponnés. Aiguisez vos pointes de moustache, débroussaillez vos barbes (85 Dhs), taillez vos pattes et sculptez vos cheveux à la cire... Vous reviendrez comme un galant, pour le plaisir des ces dames ou le vôtre. Akin vend aussi quelques accessoires hipsters et vous offre le café Sum of Us et le voiturier.
**Burj Al Salam • Accès piéton et**

Akin Barber Shop

## Henné

Vous ne pouvez faire une visite en pays arabe sans vous plier à la coutume du henné. Le tatouage permanent est strictement interdit par la religion musulmane puisqu'il est considéré comme une mutilation du corps. Le henné permet de détourner cette interdiction. Il existe deux types de tatouage temporaire au henné : celui, symbolique, exclusivement réservé aux femmes musulmanes pour de grands événements (mariage, naissance...) et le tatouage à simple vocation esthétique. Si vous souhaitez revenir avec un souvenir éphémère mais typique :

**Habiba Beauty Saloon ⑱ : Al Hudaiba Road, Satwa (D2) • M° World Trade Centre • ☎ 04 349 9904 • T.l.j. 10h-22h • À partir de 50 Dhs pour une main.**
**Rachna Saloon ⑲ : Villa 601, Jumeirah Beach Road, Umm Suqeim 1 (C3) • ☎ 04 394 4489 • www.rachnasalon.ae • T.l.j. 10h-21h • À partir de 100 Dhs pour les deux côtés des deux mains.**

voiturier : 6th Street ; accès piéton uniquement : par l'hôtel Sheraton Grand SZR, Sheikh Zayed Road • M° World Trade Centre • ☎ 05 2364 7092 • www.akinbarbershop.com • T.l.j. 8h-22h.

### THE WORKSHOP
**Galerie d'art, boutique, café** ⑳ Plan D2

Cette villa de 400 m², en retrait d'une grande artère, est un atelier évolutif. The Workshop offre un espace communautaire interdisciplinaire composé d'un café, d'une galerie d'art, d'un magasin de mobilier vintage et design et d'une pièce consacrée aux objets durables, « The sustainable store ». En fin de visite, installez-vous dans le jardin et croquez une tartine d'avocat.

**Villa 45, Street 23B sur Al Wasl Road, Jumeirah 2 • M° Business Bay • ☎ 05 5136 9454 • www.theworkshopdubai.com • T.l.j. 10h-20h.**

## Jumeirah, Umm Suqeim et le Burj al-Arab (Quartier 6 – p. 58)

### GARDEROBE
**Dépôt-vente luxe** ㉑ Plan C3

Un dépôt-vente de luxe dans une jolie villa de Jumeirah Beach Road. Les clientes viennent y déposer des vêtements et des accessoires de couturiers neufs ou tout juste portés. De vraies bonnes affaires si vous cherchez des Louboutin à prix réduit (1 000-1 500 Dhs). Petit plus : la propriétaire, Micha Maatouk, parle un bon français et vous pouvez voir la collection et les disponibilités en ligne.

**Villa 596, Jumeirah Beach Road, Umm Suqeim 1 • ☎ 04 394 2753 • www.garderobe.ae • Dim.-jeu. 10h-20h.**

### MARINA SOUK
**Marché** ㉒ Plan C3

Un mercredi par mois, une tente climatisée se déploie pour accueillir une ruche de *mompreneurs*, des mamans femmes d'affaires ! Un réseau de créateurs talentueux, essentiellement féminin (1/3 de Françaises) se partage ce barnum éphémère. L'ambiance est plutôt joyeuse, voire frénétique selon les heures, avec de bonnes trouvailles mode ou déco et même du pain frais. Une vraie ambiance de marché, sans les envolées lyriques et les accents populaires.

**Adjacent au marché aux poissons, Fishing Harbor 2, secteur Umm Al Sheif Road, Umm Suqeim 1 • Facebook : Marina Souq ; instagram : @marinasouk • 1 mer./mois ; voir la page Facebook ou Instagram pour les dates ; fermé en été.**

### THE EDIT
**Concept store** ㉓ Plan C3

Une boutique multimarque proposant une mode minimaliste triée sur le volet. Avec aussi des accessoires et des bougies dont celles du label éthique parisien Noyoco. Un comptoir propose du

O'de Rose

café qu'il est agréable de siroter dans une arrière-cour baignée de lumière. Le must reste l'espace dédié aux céramiques de East Gallery et ses vases totems orientaux, à partir de 147 Dhs.
**Villa 966, Al Wasl Road (après la 25 C Street et Falcon House bus stop), Umm Suqeim 1 • ☎ 04 332 0324 • www.theeditdubai.com • T.l.j. 10h-20h.**

## HOME AND SOUL
**Concept store** ㉔ Plan C3

Dans l'air du temps, Home and Soul met en scène une villa chic, bohème et instinctive. Des poufs *tie and dye* à 495 Dhs, des paniers de raphia et de l'art tribal pour s'inventer un intérieur blanc-bois-lin et un style de vie version Byron Bay. Une partie du lieu est investi par un petit café et par la mode de SoChic, le dépôt-vente fétiche des expats françaises en manque de Jerome Dreyfuss, Isabel Marant et autres icônes des fashion victimes.
**Villa 6, Al Wasl Road (après la 25 C Street et Falcon House bus stop), Umm Suqeim 1 • ☎ 04 321 8959 • https://homeandsouldubai.com • Dim.-jeu. 9h-20h, ven. 14h-20h, sam. 10h-20h.**

## O'DE ROSE
**Accessoires, déco** ㉕ Plan C4

Dans une villa transformée en caverne d'Ali Baba, O' de Rose est une adresse atypique. La boutique vend ses coups de cœur pour des artistes locaux, marocains et libanais, ainsi que des curiosités du monde oriental dans son ensemble. Tee-shirts calligraphiés, sarouels, gris-gris et bijoux ethniques. Côté déco, des meubles de designers émergents, des textiles et des bibelots colorés, tout est surprenant ! Culte, le sac Abou el Abed est à 100 Dhs.
**999 Al Wasl Road, Umm Suqeim 2 • ☎ 04 348 7990 • www.o-derose.com • Sam.-jeu. 10h-20h, ven. 15h-20h.**

## RIPE MARKET
**Marché** ㉖ Plan C4

Maraîcher bio précurseur, Ripe est devenu en quelques années une véritable institution. C'est un label de qualité dont la production est vendue partout, même dans les écoles. Le marché éponyme réserve de belles surprises, avec

en dehors de l'étal de denrées biologiques, des artisans et des créateurs aux marchandises éclectiques. Bijoux, vêtements, déco... mais aussi activités pour les enfants, food trucks, classes de yoga et belle ambiance.
**Police Academy Park, Umm Suqeim Street, Al Sufouh 1; passer le poste d'entrée de l'académie, le parc est vers la gauche • M° Mall of the Emirates • ☎ 04 315 7000 • https://ripeme.com • Accès au Park : 5 Dhs • Ven.-sam. 9h-19h ; fermé en été • Autres marchés et événements à Dubaï et Abu Dhabi, voir l'agenda en ligne.**

## Al Quoz et Alserkal Avenue (Quartier 7 - p. 64)

### THE COLLECTIVE BY RIPE
**Créateurs** ㉗ Plan C4

À l'abri des regards, il faut oser passer le porche de la galerie Courtyard (p. 64) et s'aventurer jusque dans l'allée pavée pour dénicher ce joyau de créateurs et d'artisans. Inspiré des *laneways* de Melbourne - ruelles et arcades abritant de nombreux trésors, The Collective est le bel endroit au concept innovant où faire le plein de shopping et d'idées neuves. Ne ratez pas la mode enfant de Birdsn'Bees et la déco éthique-exotique de Tribe.
**The Courtyard, 4 B Street ou 6 A Street, Al Quoz 1 • M° Noor Bank • ☎ 04 315 7000 • https://thecollectivebyripe.com • T.l.j. 8h-19h • À partir de 20 Dhs.**

Charicycles (Kave The Story of Things)

### KAVE THE STORY OF THINGS
**Atelier de recyclage** ㉜ Plan C4

Dans cet atelier, où tout est recyclé, le collectif de créateurs vend des objets magnifiques issus du commerce équitable et réutilise des matériaux mis au rebut pour les transcender. Aux commandes, Howlin' Rooster (p. 66) et les sœurs Zaina et Rania Kanaan de Charicycles. Elles récupèrent des vieux biclous oubliés et les retapent en bécanes de luxe (à partir de 1 300 Dhs). Une partie de leurs

## Galeries d'art

Cette dernière décennie, Dubaï et Abu Dhabi se sont imposées comme des destinations culturelles de premier choix. Si l'île de Saadiyat est le berceau culturel et artistique de la capitale, à Dubaï les galeries d'art de DIFC, D3 et Al Quoz font aujourd'hui figure de référence sur le marché international et aident à promouvoir l'art contemporain du Moyen-Orient.

**Les galeries d'art incontournables d'Alserkal Avenue** (C4) :

**The Third Lane ㉘ : Warehouse 78/80 • ☎ 04 341 1367 • www.thethirdline.com • Sam.-jeu. 10h-19h.**
**Ayyam Gallery ㉙ : Warehouse 11 • ☎ 04 323 6242 • www. ayyamgallery.com • Dim.-jeu. 10h-18h, sam. 12h-18h.**
**Lawrie Shabibi ㉚ : Warehouse 21 • ☎ 04 346 9906 • www.lawrieshabibi.com • Dim.-jeu. 10h-18h.**
**Jean-Paul Najar Foundation ㉛ : Warehouse 45 • ☎ 04 258 7078 • www.jpnajarfoundation.com • Sam.-jeu. 11h-18h.**

recettes finance des vélos pour les enfants des camps de refugiés.
Alserkal Avenue, 17th Street ou 6 A Street, Warehouse 20, Al Quoz 1 • M° Noor Bank • ☎ 05 5102 4469 • https://thestoryofthings.com • Lun.-sam. 11h-21h.

### VOIR AUSSI :

**The Flip Side | p. 66**
| ㉝ Plan C4

**Howlin'Rooster | p. 66**
| ㉞ Plan C4

**Mirzam Chocolate Makers | p. 66** | ㉟ Plan C4

**The Odd Piece | p. 67**
| ㊱ Plan C4

**The Good Life | p. 67**
| ㊲ Plan C4

## Dubai Marina et JBR (Quartier 8 - p. 68)

### MARKET AT THE BEACH ET COVENT GARDEN AT THE WALK
**Marché** ㊳ Plan A5

Deux parcours piétonniers, où l'on trouve les classiques de l'artisanat et des bazars de plage. The Market, côté mer, foisonne de stands et de chalands sous des parasols. Covent Garden, côté rue, déroule ses kiosques à souvenirs séduisants.
Jumeirah Beach Residence ; entre le Sofitel et le Ritz Carlton Hotel • M° DAMAC Properties • ☎ 04 325 5123 • http://www.aldeyafaoasis.com • Market : oct.-avr., t.l.j 9h-23h ; Covent Garden : oct.-avr., t.l.j. 10h-minuit • Accès libre.

## La place du parfum, l'*oud*, etc.

L'*oud*, extrait de la résine de bois d'Agar, est très apprécié pour sa senteur boisée, capiteuse et complexe. Il est utilisé en huile *(dehn al oud)* ou en cristaux *(mubakhar oud)*. Il peut s'appliquer directement sur la peau lorsqu'il est mélangé à un autre extrait de parfum naturel (rose, fleur d'oranger, etc.), ce qui le rend plus subtil à l'odorat. Les Émiriens l'utilisent sous forme d'encens, brûlé à même le charbon dans un grand brûle-parfum. Sa fumée est censée assainir l'air des mauvais esprits *(djinns)* et des odeurs désagréables. En vente dans les souks, les malls et même sur la plage.

**Taif Al Emarat (39) : The Beach, JBR (A5) • M° DMCC • ☎ 06 743 0709 • www.taifalemarat.com • T.l.j. 10-1h**

## Palm Jumeirah (Quartier 9 - p. 74)

### ANANTARA SPA
**Spa** (40) Plan B4

En matière de massage et d'hydrothérapie, tous les hôtels luxueux de la ville rivalisent d'imagination pour vous dorloter comme un bébé. Pour les puristes du rituel de l'Orient - le hammam -, rendez-vous à l'Anantara Spa, fameux pour s'initier à ce soin, prenant ses origines dans les thermes romains et symbolisant depuis le raffinement de la beauté à l'orientale.

Anantara The Palm Hotel, East Crescent • Accès en taxi • ☎ 04 567 8140 • www.anantara.com/fr/palm-dubai • T.l.j. 10h-22h • Formule Hammam Rituals : 495-1360 Dhs, 45-120 min ; Ladie's Wednesday Bliss : mer. 17h-22h ; 3 soins, 399 Dhs.

## Autour de Dubaï (Visite 10 - p. 80)

### DRAGON MART
**Mall** (41) HP par F3

Ce mall gigantesque à 20 min de Dubaï suit les courbes d'un dragon chinois. Tout est fabriqué en Chine, restez donc sur le qui-vive en matière de contrefaçon. Tout ce que l'atelier du monde peut produire est réuni sous le même toit : quincaillerie, mobilier, papeterie, mode, art culinaire asiatique, etc. (à partir de 1 Dh). Un deuxième centre commercial propose aussi les marques internationales.

Al Awir Road, route E44 direction Hatta, juste après l'échangeur 5, E311 • ☎ 04 390 9999 • www.dragonmart.ae • T.l.j 10h-minuit.

# Abu Dhabi (Visite 11 - p. 90)

## MARINA MALL
**Mall** ㊷ Plan J10

L'un des centres commerciaux populaires de la capitale émirienne. Le Marina Mall propose plus de 11 000 m² de mode, de restaurants et cafés éclectiques et de divertissement. Le gigantisme du lieu vous impressionnera sûrement ainsi que son environnement : lumière naturelle, palmiers, piscines et fontaines en intérieur, c'est une ville couverte ! De quoi satisfaire vos goûts et vos envies... à votre budget.

**Breakwater Corniche Street • ☎ 800 6623 • www.marinamall.ae • Sam.-mer. 10h-22h, jeu.-ven. 10h-minuit.**

Marina Mall

## WORLD TRADE CENTRE MALL
**Mall et souk** ㊸ Plan J10

Détruit en 2003 dans un incendie, le souk historique de la capitale a laissé place à un mall à l'architecture orientale moderne, où *moucharabiehs* (fenêtres en maillage traditionnel) et colonnes laissent entrer la lumière. Vous y trouverez les enseignes traditionnelles campées sur trois niveaux et un souk typique reconstitué. Bon à savoir : l'office de tourisme y tient un guichet (plans et cartes postales sont disponibles gratuitement).

**Khalifa Bin Zayed the 1st Street • ☎ 02 508 2400 • www.wtcad.ae • Sam.-mer. 10h-22h, jeu.-ven. 10h-23h.**

## HOUSE OF ARTISANS
**Spa** ㊹ Plan J10

Dans un espace contemporain, des artisans bédouins tissent le khoos, à base de feuilles de palmier et le Al-Sadu, un décor utilisé pour les tentes ou sur les selles de dromadaires. Des femmes brodent aussi le talli, un tissu de fils de coton ou de soie entrelacés de fils d'or et d'argent servant aux parures des tenues vestimentaires traditionnelles. Café offert à l'arrivée.

**Sheikh Rashid Bin Saeed Al Maktoum Street • ☎ 02 697 6400 • www.qasralhosn.ae • T.l.j. 9h-19h (arrivez avant 18h pour profiter des artisans) • Entrée libre.**

# La mode et l'étiquette

**Ce n'est pas par hasard si les Émiriens sont surnommés « les princes du désert ». Quelles que soient les circonstances, ils font toujours preuve d'élégance et se soucient de leur apparence, jusqu'au moindre détail. La mode *made in* Dubaï a trouvé ses marques, elle est à l'image de sa culture : un parfait mélange entre respect des traditions (souvent religieuses) et ouverture au monde moderne. Un paradoxe irrésistible !**

## *ABAYA* ET *SHAYLA*

Lorsqu'elles quittent leur foyer, les femmes émiriennes veillent toujours à s'habiller dans le respect des coutumes. Elles couvrent leur corps, le protégeant ainsi du regard des autres. Cependant, elles ne sont pas contraintes de cacher leur visage ou leurs mains. La tenue traditionnelle féminine est l'*abaya*, une longue robe noire qui tombe sous la cheville et couvre les bras et le cou. Plutôt élégante, elle est souvent accessoirisée d'ornements, de perles et de cristaux pour la personnaliser. Sur la tête, le voile noir en mousseline de soie est la *shayla*; il permet notamment de distinguer les origines des femmes. Celui des Jordaniennes, par exemple, est de couleur claire et elles le portent à la manière d'un foulard ou d'un turban serré. Sous l'*abaya*, les Émiriennes s'habillent souvent de vêtements de couturiers, du moins pour celles qui en ont les moyens. Cet amour inconditionnel du luxe, de la joaillerie et de la mode permet de modérer le poids des traditions.

## La salutation, toute une histoire !

Les hommes émiriens pratiquent une coutume insolite, ils se disent bonjour nez contre nez ! Quand les bédouins se déplaçaient et rencontraient d'autres tribus, ils tenaient la laisse de leurs dromadaires dans leur main droite et leurs épées dans la gauche. Ainsi pour se saluer, seul le nez était disponible... Si vous avez l'occasion de rencontrer une Émirienne, sachez que la plupart des femmes gardent une main sur la poitrine pour indiquer qu'elles préfèrent ne pas serrer la main des hommes. Cependant si la femme initie une poignée de main, dans ce cas répondez à ce bras tendu. Dans l'absolu, évitez tout échange tactile, accolades et autres effusions.

## TENUE DES ÉMIRIENS

Les hommes doivent, eux aussi, respecter certaines traditions dans

leur tenue vestimentaire. Ils revêtent la *kandura* (ou *dishdasha*), une robe blanche immaculée. La coutume veut que l'homme en rétrécisse la longueur à chaque retour du *hajj* (pèlerinage à La Mecque) ; plus la robe remonte sur le mollet, plus celui qui la porte est un fervent pratiquant. La couleur de la robe peut changer et être beige, ou même noire pendant les mois plus froids. En hiver, certains la recouvrent d'un manteau en poil de dromadaire, signe d'une grande élégance. Le *gutrah* (ou *keffieh*) est la coiffe traditionnelle : un tissu blanc maintenu en place par une corde noire souple. Comme pour les femmes, on reconnaît les origines d'un homme arabe grâce à sa coiffe.

## UN HÉRITAGE CULTUREL

Ces éléments vestimentaires ont une fonction pratique. Les voiles et les robes à manches longues aident notamment à se protéger des rayons brûlants du soleil. Mais ils sont aussi un héritage direct de la culture bédouine et les Émiriens sont incités à porter ce costume afin de perpétuer les traditions et d'affirmer leur identité nationale dans un pays où les immigrés sont majoritaires. Ils peuvent s'habiller de manière plus européenne lorsqu'ils voyagent ou pendant le week-end, mais cela reste rare. Dans les familles vigoureusement attachée à cet héritage, certaines femmes mariées portent encore un masque bédouin (lui aussi appelé *burqa*) en tissu légèrement métallisé. Il sert à protéger le visage de l'âpre soleil et de la poussière, mais aussi à respecter la sagesse et la modestie de la femme. Plus la femme vieillit, plus le masque s'élargit.

## PROPRE COMME UN SOU NEUF !

Il n'y a pas que l'allure qui se doit d'être impeccable ! Les Émiriens, hommes et femmes, portent un soin particulier à leur hygiène et passent de longues heures dans les salons de beauté : soin des cheveux, rasage de la barbe au fil, épilation (des bras ou même du menton), pédicure, manucure... Tout y passe ! Le corps doit être soigné et les Émiriens n'ont aucune tolérance à l'égard des odeurs corporelles. La fréquentation du hammam fait partie intégrante de la vie quotidienne, comme rituel de purification de la peau.

# Carnet

# PRATIQUE

Retrouvez toutes nos adresses localisées sur les cartes et plans grâce à un numéro coloré.

| 56 | 35 | 28 |
|---|---|---|
| Restos | Bars | Boutiques |

Le numéro renvoie à sa notice détaillée dans le chapitre concerné.

## QUAND PARTIR ?

La **meilleure saison** pour séjourner à Dubaï s'étend de fin octobre à mi-avril. Les températures sont alors agréables (20-30 °C), même si la mer peut paraître un peu froide (jan.-fév.).
La pluie est assez rare (env. 6-10 jours/an), mais les averses sont parfois violentes, pouvant provoquer des problèmes de circulation. L'été (mai-sept.) est chaud et très humide, les températures oscillent entre 40 et 50 °C en journée, avec une légère baisse pendant la nuit. Le pic de chaleur a lieu surtout en juillet et août. La mer avoisine les 35 °C et le sable est brûlant. Les tempêtes de sable ne sont ni fréquentes (généralement mars-avril) ni dangereuses, évitez cependant toute excursion dans le désert.

## FORMALITÉS

### PASSEPORT ET PERMIS DE CONDUIRE

Les ressortissants des pays membres de l'UE, de la Suisse et du Canada doivent être en possession d'un **passeport valide au moins 6 mois après la date**

### Se renseigner avant de partir

**Ambassade des Émirats arabes unis**
**3, rue de Lota, 75116 Paris • ☎ 01 44 34 02 00 • https://dubai.consulfrance.org/L-Ambassade-des-Emirats-Arabes**
**Dubai Department of Tourism, Commerce and Marketing (DTCM)**
**• ☎ 600 555 559 • www.visitdubai.com/en/department-of-tourism**
**Office de tourisme d'Abu Dhabi**
**16, rue Ballu, 75009 Paris • ☎ 01 53 25 03 52 • www.visitabudhabi.ae**
**Abu Dhabi Department of Culture and Tourism**
**https://tcaabudhabi.ae/en/default.aspx**
**Pour les excursions autour de Dubaï**
**Al Ain : https://visitabudhabi.ae ou www.explorealain.com**
**Sharjah : https://visitsharjah.com**
**Fujairah : www.fujairahtourism.ae**
**Hatta : http://visithatta.com**

**de départ.** Les enfants mineurs non accompagnés de l'un de leurs parents doivent, en outre, être en possession d'une autorisation de sortie du territoire (formulaire à télécharger sur : www.service-public.fr/particuliers/vosdroits/F1359). Le visa n'est obligatoire qu'en cas de séjour de plus de 90 jours. Vous ne pourrez pas entrer aux ÉAU avec un passeport israélien ou qatarien ; et les formalités d'entrée pourraient être plus longues si vous avez un visa ou un tampon des autorités israéliennes sur votre passeport. Pour réserver et conduire une voiture de location, il est indispensable de posséder un **permis de conduire international.** Il faut faire la demande d'obtention auprès de la préfecture.

## DOUANE

Si vous venez d'un pays membre de l'UE, vous n'avez pas à déclarer ni à payer de taxes pour vos achats réservés à un usage personnel. Vous êtes tenu(e) de déclarer à votre arrivée aux Émirats ou à votre retour en France les sommes d'un montant égal ou supérieur à 10 000 € (ou leur équivalent en devises). Il est interdit d'apporter la moindre substance illicite, arme à feu ou publication (magazine ou DVD) à caractère pornographique ou religieux. Les **cigarettes électroniques ainsi que certains médicaments sont également interdits** sur le territoire (consultez la liste sur https://dubai.consulfrance.org). Vous pouvez apporter 4 l d'alcool (non-musulmans uniquement) et 400 cigarettes, 50 cigares ou 500 g de tabac.

**Rens. : www.douane.gouv.fr**
**• www.dubaicustoms.gov.ae**

## SANTÉ

Soyez à jour dans vos vaccins universels. Les vaccinations contre la typhoïde et l'hépatite A sont recommandées. Le paludisme est quasi inexistant sur le territoire mais, si vous vous rendez dans le désert, près d'oasis, prenez avec vous un répulsif contre les moustiques et un Aspivenin en cas de piqûre de scorpion (à acheter avant votre départ). Les médecins parlent tous l'anglais, et il existe de nombreux praticiens francophones. Liste sur https://dubai.consulfrance.org et www.dubaimadame.com pour Dubaï, et sur https://ae.ambafrance.org pour Abu Dhabi.

### Assurance

Prévoyez une assurance rapatriement, utile en cas d'accident, car les soins médicaux sont très onéreux aux ÉAU. Ces frais seront remboursables ou non selon la prise en charge de votre assurance et mutuelle.

# COMMENT Y ALLER ?

## EN AVION

**Il y a deux aéroports internationaux à Dubaï :** Dubai

International (DXB) au nord de la ville, et Al Maktoum International (DWC), au sud.
**Abu Dhabi** dispose d'un vaste aéroport international (AUH).
**Sharjah** (SHJ) est intéressant pour ses prix plus low cost, sur des vols avec escale uniquement (notamment à Francfort).
**Dubaï : ☎ + 971 (0)4 224 5555 • www.dubaiairports.ae**
**Abu Dhabi : ☎ + 971 (0)2 505 5555 • www.abudhabiairport.ae**
**Sharjah : ☎ +971 (0)6 558 1111 • www.sharjahairport.ae**

### Air France

Plusieurs vols quotidiens directs vers Dubaï et Abu Dhabi au départ de Roissy-CDG, ou avec une escale à Amsterdam-Schipol (via KLM).
**☎ 09 69 39 36 54 (appel non surtaxé) ou 36 54 (surtaxé) • www.airfrance.fr**

### Emirates

La compagnie émirienne dubaïote propose plusieurs vols quotidiens directs au départ de Roissy-CDG, de Nice, de Lyon, de Bruxelles, de Genève et de Zurich, à destination de Dubaï (avec escale pour Abu Dhabi).
**☎ 01 57 32 49 99 • www.emirates.com**

### Etihad

C'est la compagnie émirienne d'Abu Dhabi. Plusieurs choix de vols directs ou avec escale au départ de Roissy-CDG (avec escale depuis plusieurs villes françaises).
**☎ 01 57 32 43 43 • www.etihad.com**

### Oman Air

Vols quotidiens au départ de Roissy-CDG et de Zurich, à destination de Dubaï et d'Abu Dhabi. Chaque vol fait une escale à Muscat en Oman.
**☎ 01 47 64 21 50 • www.omanair.com**

## DORMIR À DUBAÏ

### QUEL QUARTIER ?

Pour un séjour culturel dans l'ambiance animée et authentique du vieux Dubaï, privilégiez les hôtels souvent bon marché de **Deira et Bur Dubai.** Plus centraux et à prix variables selon le standing, les hôtels situés dans **Downtown et aux abords de Sheikh Zayed Road** sont faciles d'accès et pratiques pour les sorties. Pour profiter du bord de mer, prévoyez un budget confortable et choisissez les hôtels et resorts de **Jumeirah, Dubai Marina et JBR et The Palm Jumeirah.**

### CLASSIFICATION

À Dubaï, il existe des **Guest Houses** (B & B) et, depuis peu aux Émirats, la célèbre plateforme de réservation entre particuliers AirBnB. Partout les **palaces** restent plébiscités, et le choix d'hôtellerie est large (catégorie moyenne ou supérieure, appartements-hôtels). Les **chambres doubles standard** sont généralement assez spacieuses et équipées de tout le confort moderne, wifi inclus. Chaque hôtel fournit gratuitement au moins deux bouteilles d'eau par jour. Les chambres avec **vue sur mer** sont toujours plus chères.

### TARIFS ET RÉSERVATIONS

C'est entre mai et septembre que les **réductions** sont les plus intéressantes. Le taux de remplissage peut aussi jouer sur les promotions de dernière minute, comme lors des fêtes du Ramadan. **Réservez longtemps à l'avance** pour un séjour autour du 31 décembre, période très prisée. Les prix des chambres comprennent parfois le petit déjeuner et sont généralement **affichés hors taxes** ; pensez à ajouter la TVA (5 %) et les taxes hôtelières : 10 % pour le service, 10 % pour la municipalité et environ 20 Dhs/jour de taxes de séjour.

## SE DÉPLACER

### DE L'AÉROPORT AU CENTRE-VILLE

Depuis Sharjah, Abu Dhabi et Dubaï, le taxi reste la solution la plus pratique. La moins onéreuse, c'est le bus, mais les horaires et gares desservies sont aléatoires. Le métro est rapide et bon marché, si votre hôtel est proche d'une station.

#### Depuis Dubai International Airport (DXB)

**En taxi**
Pour une course vers Downtown, comptez env. 50 Dhs, 75 Dhs pour aller à Jumeirah et 100 Dhs vers Dubai Marina. En dehors des heures de pointe (7h30-10h et 17h-19h), comptez environ 20 min de l'aéroport à Downtown et 40 min jusqu'à la marina.

**En métro**
Depuis le terminal 1 ou 3, la Red Line vous mènera aux stations des quartiers de Deira, de Bur Dubai, du centre-ville Downtown et plus au sud de Dubai Marina (voir le plan des transports, sur le plan détachable). Vous devrez auparavant acheter la Nol Card

(voir p. 186) aux machines situées à l'entrée du métro.
**www.rta.ae ou www.nol.ae**

**En bus**
Les bus RTA n$^{os}$ 401 et 402 desservent respectivement la gare routière d'Al Sabkha à Deira et celle d'Al Ghubaiba dans Bur Dubai. N'oubliez pas de vous procurer un ticket (de 1 à 3 Dhs) avant de monter dans le bus.
**www.rta.ae**

### Depuis Al Maktoum International Airport (DWC)
L'offre de transports pour rejoindre le centre-ville n'est **pas encore très développée,** à l'exception des **taxis.** Le bus express F55, qui circule toutes les heures entre 6h et 22h30, rejoint la station Ibn Battuta en 40 min (au sud de la Red Line) ; de là, vous pourrez emprunter le métro pour rejoindre votre destination finale. Le bus express F55A prolonge le trajet, en 90 min, avec plusieurs arrêts jusqu'au quartier de Satwa entre 23h et 6h.

## SUR PLACE

### Le taxi
C'est le mode de transport **le plus pratique** pour visiter tous les sites de Dubaï, souvent éloignés les uns des autres. Il est encore peu onéreux, en raison du prix de l'essence peu élevé aux Émirats. Prévoyez de la **monnaie** car les règlements se font exclusivement en espèces. Les taxis nationaux (beige) sont tous équipés d'un compteur : la prise en charge est de 25 Dhs, puis 1,75 Dhs/km ; une majoration supplémentaire pour les trajets de nuit vous sera imposée. Enfin, à Dubaï, on se repère grâce aux principaux bâtiments et non avec l'adresse que vous donnerez. Veillez donc à bien préciser le nom du quartier et un hôtel, un mall ou un monument, etc., proche.
**Roads & Transport Authority :**
**☎ 04 208 0808 • www.rta.ae**
**National Taxi : ☎ 600 54 33 22**
**• www.nationaltaxi.ae**
**Dubai Taxi Coorporation : ☎ 800 880 88 • http://dubaitaxi.ae**

## Bon à savoir

### Heure locale
L'hiver, il y a 3 h de décalage entre la France et Dubaï (lorsqu'il est midi à Paris, il est 15 h à Dubaï), et en été 2 h.

### Voltage
Le courant est le même qu'en France (220 volts), mais les prises électriques ont trois fiches (type anglo-saxon). Munissez-vous donc d'un adaptateur.

### Wifi
De nombreux restaurants, bars et hôtels offrent la connexion wifi, il suffit de demander le mot de passe. Dans les malls ou les aéroports, connectez-vous directement sur le réseau, parfois en créant un compte.

## Handicap

La plupart des grands sites touristiques, les transports, les musées, les hôtels et des restaurants favorisent l'accès aux personnes à mobilité réduite. Les files d'attente sont souvent écourtées (quel que soit le handicap) et certaines visites sont gratuites, accompagnateur inclus, comme à Dubai Frame ou au Louvre Abu Dhabi. Vérifiez les conditions d'accès sur les sites Internet sous la dénomination « *disabled visitors* » ou « *people of determination* ».

Évitez les taxis sans compteur sauf s'il s'agit de VTC avec licence (Uber : www.uber.com/en-AE/cities/dubai/ et Careem : www.careem.com/en-ae/).

Si vous êtes une **femme seule ou en famille,** il existe les Pink Taxis RTA (toiture rose), conduits par des chauffeurs féminins !

### Titres de transport

Pour tous vos déplacements en métro, en bus, en tramway ou en waterbus, vous devrez acquérir la **Nol Card.** Elle est disponible dans toutes les stations de métro, certaines stations de bus et la plupart des centres commerciaux et supermarchés. Ensuite, vous la rechargerez selon ce que vous souhaitez. Le prix du trajet dépend de la zone dans laquelle vous voyagez et de la classe choisie. Il existe plusieurs pass, le plus utilisé pour les visiteurs est le **Red Ticket** (2 Dhs) avec un maximum de 10 trajets (trajet entre 4 et 8,50 Dhs en Regular Class ; 8 et 17 Dhs en Gold Class) ou 5 pass journaliers (20 à 40 Dhs/jour). La Nol Silver Card ou la Gold Silver Card permettent de faire davantage de déplacements ; elles coûtent 25 Dhs dont 19 Dhs de crédit voyage. Les trajets sont gratuits pour les enfants de moins de 5 ans. Vous pouvez aussi acheter des tickets à l'unité, mais ils coûtent généralement plus cher.

**www.nol.ae**

### Le métro

Il est automatisé, rapide, climatisé, d'une propreté incomparable et ses tarifs sont raisonnables – l'un des wagons est réservé exclusivement aux femmes et aux enfants. Seul inconvénient : certains quartiers, comme Jumeirah et Umm Suqeim, sont très éloignés du métro. Le réseau est constitué de deux lignes et découpé en sept zones : la Red Line (du nord-est au sud) et la Green Line (au nord-est entre Deira et Bur Dubai).

**Rens. : www.rta.ae, www.nol.ae ou application smartphone RTA Public Transport.**

**Red Line : sam.-mer. 5h-minuit, jeu. 5h-1h, ven. 10h-1h ; Green Line : sam.-mer. 5h30-minuit, jeu. 5h30-1h, ven. 10h-1h.**

## Le bus

119 lignes de bus sillonnent la ville. Ils sont bien équipés mais parfois bondés et peu réguliers. Le nom de chaque arrêt est signalé à l'arrêt de bus (simple pancarte ou station climatisée). Il n'existe aucun plan du réseau ; pour connaître les différents trajets de bus et les horaires, rendez-vous sur le site Internet de la RTA (onglet « *Public Transport* », puis « *Plan your journey* »).

**☎ 800 9090 • www.rta.ae**

## Le bateau

Dans les **quartiers de Bur Dubai et Deira,** le long de la *creek*, les ***abras*** vont d'une rive à l'autre pour 1 Dh ; des tours en *abra* (à partir de 2 Dhs) sont aussi proposés près de sites touristiques comme Dubai Canal, Al Seef, Dubai Fountain, Dubai Marina... Dans un registre beaucoup moins authentique et bien plus cher, il y a les ***watertaxis*** (400 Dhs/pers.), qui circulent tous les jours de 10h à 22h et desservent 43 stations du nord au sud de la ville (jusqu'à Dubai Marina). Les ***waterbus,*** eux, sont nettement moins chers (tarif Nol Card) et circulent sur trois lignes différentes à Dubai Marina, tous les jours de 10h à 23h (12h-minuit ven.). Enfin **Dubai Ferry** propose différentes routes (de 15 à 140 Dhs) réparties sur cinq terminaux : Dubai Marina, Al Ghubaiba, Dubai Canal Station, Al Jadaf et Sheikh Zayed Road Station.

**Réservations et plus d'infos : ☎ 800 9090 • www.rta.ae et www.dubai-ferry.com**

## Le tramway

Dubai Tram fait une boucle autour de la marina, JBR (Jumeirah Beach Residence) et les quartiers de Al Sufouh. Il fait la jonction avec deux stations de métro (DMCC, DAMAC Properties) et le Palm Monorail. Les tickets sont les mêmes que ceux du métro (Nol Card). Attention, en revanche, le ticket du tramway ne donne pas accès au monorail de Palm Jumeirah.

**www.alsufouhtram.com • Ticket : 4-8,50 Dhs • T.l.j. 6h-1h (ven. 9h-1h).**

## Le vélo

### Pistes cyclables

À Dubaï, leur nombre devrait doubler d'ici 2022. Vous trouverez des circuits sur la *creek*, la Palm, la marina, le long de Jumeirah Beach Road (entre Al Hudaiba Road et Madinat Jumeirah), autour de Downtown et à Dubai Canal. Pour des excursions plus insolites, vous pouvez aussi emprunter d'anciennes pistes de dromadaires (Nad Al Sheba Park), longer le désert (Al Qudra Cycle Track) ou grimper les montagnes d'Hatta. Enfin, voici quelques pistes aménagées à Abu Dhabi : Saadiyat Island vers le Louvre, Yas Island, la Corniche, Al Hudayriat Island.

**Rens. : https://www.rta.ae/wps/portal/rta/ae/home/about-rta/cycling-track**

**Application smartphone utile : https://www.mapmyride.com/app/**

### Locations

Il existe de nombreux loueurs de vélo, certains sont aux abords des sites (Hatta, Al Qudra). Pour les autres, il vous faudra un 4x4 pour

vous rendre sur le site et retourner les vélos en boutiques.
**Dubai : The Movement • www.the movement.ae ; Wolfi's Bike Shop • https://wbs.ae ; Byky • www.q8byky.com ; Motor City • http://thecyclehub.com • https://www.revolutioncycles.ae**
**Hatta : http://visithatta.com/en/mountain-cycling/ ; http://www.showka.bike (E102 sur la route d'Hatta).**
**Al Qudra : www.trekbikes.ae**
**Abu Dhabi : www.bikeshare.ae ; www.yascycles.com**

### À pied

La municipalité propose de plus en plus de **voies piétonnes.** Les **promenades** se font généralement au nord, le long de la *creek* ; au centre, à Downtown, Dubai Canal et City Walk ; le long des plages de Jumeirah et Umm Suqeim ; à Dubai Marina ou encore vers la promenade de JBR The Walk et The Beach.

### Louer une voiture

Si le trafic peut vite devenir dense et les échangeurs paraître compliqués, le réseau routier est excellent et les panneaux de circulations sont en anglais. Aussi avec un GPS (en supplément), vous pourrez tout à fait vous en sortir ! Les prix des agences sont intéressants et compétitifs (sont inclus le kilométrage illimité et l'assistance routière 24h/24). Il existe aussi deux compagnies d'autopartage, Udrive et Ekar. Sachez enfin que le covoiturage *(carpooling)* n'est plus permis et qu'il y a de nombreux radars aux Émirats. Respectez les limitations !
**www.hertz.ae • www.europcar-middleeast.com • www.rentalscar.com • www.arguscarhire.com • www.thrifty.com • https://ekar.ae • www.udrive.ae**

## DE DUBAÏ À ABU DHABI

En **voiture,** il faut compter environ 1 h 20 pour effectuer les 130 km de trajet via la route E11. Le **taxi** vous coûtera de 250 à 300 Dhs, ou 80 Dhs pour un **taxi partagé** : départ devant Ibn Batutta Mall. Enfin, vous pouvez également prendre un **bus** (départ toutes les 15 à 30 min, 25 Dhs le trajet), le E100 depuis Ibn Battuta Metro Station ou le E101 depuis Al Ghubaiba Bus Station.
Il existe des navettes gratuites entre Dubai et Abu Dhabi si vous voyagez avec les compagnies aériennes Emirates ou Etihad.
**Rens. : http://dubai-buses.com/InterCity.aspx**

# À VOIR, À FAIRE

## OFFICE DE TOURISME

Il n'existe pas d'office de tourisme à proprement parler à Dubaï. Des espaces d'information aux touristes sont accessibles dans les aéroports et principaux malls de la ville.
**www.visitdubai.com/fr**

## VISITES GUIDÉES

Des agences de voyages proposent différentes formules de sorties, excursions, safaris, parcs à thème, spectacles...

## Week-ends et jours fériés

Aux Émirats, les jours de week-end sont les vendredis et samedis. Certains établissements sont fermés le vendredi matin. Les fêtes religieuses (mobiles et suceptibles de se décaler d'un jour) sont souvent l'occasion de jours fériés. Mais c'est surtout pendant le **ramadan** que la ville change de rythme : les horaires indiquées dans notre ouvrage sont susceptibles de changer à cette période ; les concerts sont interdits et les discothèques sont fermées. La ville prie le jour et se réveille à la tombée de la nuit. Pensez à vous renseigner : https://publicholidays.ae

- **Nouvel An (calendrier chrétien) : 1er jan.**
- **Al Hijra ou Hégire (Nouvel An musulman) : 20 août 2020, 9 août 2021.**
- **Fête nationale : 2 et 3 déc.**
- **Al Mawlid (naissance du Prophète) : 9 nov. 2019, 29 oct. 2020, 19 oct. 2021.**
- **Ramadan (mois de jeûne et de prière) : du 24 avr. au 23 mai 2020, du 13 avr. au 12 mai 2021.**
- **Eid al-Fitr ou Aïd al-Fitr : 24 mai 2020, 13 mai 2021. Il célèbre la fin du mois du ramadan par 2-4 jours de congés à travers tout le pays.**
- **Eid al-Adha ou Aïd al-Kebir (fête du sacrifice) : 31 juil. 2020, 20 juil. 2021. La fête la plus importante de l'islam (3 jours fériés env.), en souvenir de la soumission totale d'Ibrahim à son dieu.**

### En français

**• My Tour Studio**

Nathalie Van de Vrede propose des excursions (Dubaï, Abu Dhabi, Sharjah et Ras el Khaïmah) axées sur les contrastes et la diversité culturelle des ÉAU : quartiers traditionnels, architecture, « En route pour Expo 2020 », découvertes insolites ou désert. Pilotée par des guides (la plupart francophones) et des chauffeurs licenciés du département du tourisme, l'agence est aussi accréditée par la chambre de commerce.

☎ 05 8522 0807 • www.mytourstudio-dubai.com • Demande de devis par e-mail : reservations@mytourstudio-dubai.com • Tour architecture : 4h, 1450 Dhs pour 4 pers. (inclus : entrée musée Etihad, guide francophone et voiture Tesla avec chauffeur) ; safari faune et flore et feu de camp : 1750 Dhs pour 2 pers.

**• Tour Val**

☎ 05 254 9250 • http://visiterdubaiabudhabi.over-blog.com • Demande de devis par e-mail : dubaivamy@gmail.com

**• Arabian Spirit**

☎ 05 143 9618, et de France ☎ 06 49 27 46 69 • www.arabianspirit.com • Demande de devis par e-mail : info@arabianspirit.com

### En anglais

**• Sheikh Mohammed Centre for Cultural Understanding** (voir p. 27)

propose des visites guidées à pied : Heritage Tour (visite d'une mosquée et d'un musée ; 90 min, 100 Dhs), visite de Jumeirah Mosque (1 h, 10-15 Dhs).
☎ 04 353 6666 • www.cultures.ae

• **Arabian Adventures**
☎ 800 272 2426 ou 056 999 4901 (via l'application WhatsApp)
• www.arabian-adventures.com

• **Arabian Nights Tours**
☎ 04 321 6565
• www.arabiannighttours.com

• **Platinum Heritage**
☎ 04 388 4044
• www.platinum-heritage.com

• **Gulf Ventures**
☎ 04 274 8080
• www.gulfventures.com

### En bus de tourisme

Avec la formule Hop on/Hop off (tickets valables 1, 2, 5 ou 7 jours). Les commentaires enregistrés sont disponibles en douze langues. Le bus propose une cabine climatisée ou des sièges en plein air. Vous pouvez monter et descendre quand vous le souhaitez et explorer 26 lieux différents avec, selon la formule choisie, des entrées gratuites dans plusieurs musées et attractions, un tour en dhow...
**Big Bus Tour :** ☎ 04 340 7709
• www.bigbustours.com • À partir de 57,41 € (les prix sont en €, £ ou $).

### En bateau

• **The Yellow Boats**
Trois types de tours autour de la Palm Jumeirah, du Burj al-Arab et de la marina allant de 157,50 Dhs les 60 min à 294 Dhs les 99 min.
Dubai Marina Walk, ☎ 800 892 ou + 971 4 432 8543 depuis la France
• www.theyellowboats.com

• **Luxury Sea Boat Charter**
Autour de la marina et jusqu'au Burj al-Arab, croisières de 30 min (à partir de 250 Dhs) et location à l'heure de yachts (à partir de 500 Dhs/h pour 6 pers.).
Dubai Marina Walk, à côté de Baskin Robbins • ☎ 05 6115 1624 • Résa en ligne conseillée 2 jours avant la date voulue.

• **Bristol Middle East Yacht**
Possède toute une flotte de bateaux, catamarans, dhows et des formules pour tous les budgets.
Dubai Marina Walk • ☎ 04 368 2480
• www.bristol-middleeast.com • 1 h de *sharing cruise* : adulte 60 Dhs ; enfant 30 Dhs • Résa conseillée.

• **Hero OdySea**
Explorez vous-même la côte en pilotant de petits hors-bord rapides, tout en vous laissant guider par un chaperon. 90 min de traversée à un rythme audacieux (690 Dhs/pers. ou 790 Dhs en tandem).
Fishing Harbor 2, Umm Suqeim 1
• ☎ 04 440 9827 ou 05 4425 4995 (via l'application WhatsApp)
• www.hero-dubai.com

### Dans les airs

• **Heli Dubai**
Quatre types de tours en hélicoptère : Iconic Tour (12 min, 646 Dhs/pers.), The Palm Tour (17 min, 814 Dhs/pers.), Vision Tour (22 min, 1045/pers.) et Odyssey Tour (40 min, 1838 Dhs/pers.).
☎ 04 224 4033 • www.helidubai.com

• **Helicopter Tour Atlantis**

## Règles et conseils de savoir-vivre

### Tenue vestimentaire

Vous n'avez pas à vous voiler, ni à changer votre garde-robe, simplement à l'adapter aux circonstances et lieux que vous visitez. Évitez généralement les tenues courtes et transparentes. Débardeurs, shorts et jupes sont acceptés dans la plupart des lieux publics, sauf dans certains restaurants chic ou les mosquées. À l'entrée des malls, une pancarte vous rappellera qu'il faut couvrir vos épaules par respect pour la population locale, il existe cependant une bonne marge de tolérance. À la plage, le monokini est bien évidemment proscrit.

### Attitude

Ne montrez pas du doigt ; soyez respectueux ; ne proférez aucun blasphème ou insulte, et ne vous faites pas remarquer par des gestes déplacés ou des propos religieux. Ne photographiez jamais personne sans avoir demandé l'autorisation au préalable (ni les bâtiments publics) ; enfin, évitez toute marque d'affection en public.

### Licence d'alcool et stupéfiants

Peu de visiteurs le savent, mais les touristes sont tenus de posséder une licence pour consommer de l'alcool. Si les bars, restaurants et hôtels ne vérifient jamais ce détail (à défaut de contrôles), légalement c'est obligatoire. Les non-résidents peuvent aussi, depuis peu, acheter de l'alcool directement chez les revendeurs agréés. La licence, gratuite, est valide 30 jours. Rendez-vous chez African + Eastern ou MMI avec votre passeport. Vous remplirez un simple formulaire, l'obtention est immédiate. Sachez que tout état d'ébriété est sévèrement puni (à pied ou en voiture), il en va de même pour les substances illicites ou certains médicaments (n'oubliez pas votre certificat médical) ! Dans tous les cas, les autorités ne plaisantent pas avec les lois et les sanctions sont sévères (fortes amendes, prison et longues procédures).

**Renseignements licence : www.alcohollicencedubai.com • www.africaneastern.com • http://www.mmidubai.com**

Cinq formules de 649 Dhs les 12 min à 13 500 Dhs les 60 min. Départs à partir d'Atlantis, The Palm.

**☎ 04 264 614**

**• www.atlantisthepalm.com**

**• Seawings**

Plusieurs types de balades aériennes en hydravion. La plus demandée est Seawings Signature Tour, qui survole de nombreux monuments et les îles artificielles dont The World (45 min, 1 780 Dhs/adulte et 1 512 Dhs/enfant).

**☎ 04 807 0708 • www.seawings.ae**

- **Balloon Adventures**

Expédition en montgolfière en plein cœur du désert dès le lever du soleil. Le vol dure 1 h (1er sept.-31 mai), mais prévoyez une demi-journée pour l'ensemble de l'excursion.

**☎ 04 440 9827 • www.ballooning.ae/fr/ • Enfant min 5 ans. Résa indispensable • Résa 3 jours à l'avance • Prix adulte : 1 250 Dhs ; enfant : 1 100 Dhs (transport depuis votre hôtel sur le lieu du décollage compris).**

## EXCURSIONS DANS LE DÉSERT

Une sortie dans le désert (à 45 min du centre) ne s'improvise pas, ne prenez jamais le risque de partir seul. Partez au moins à deux voitures et prévoyez un minimum de ravitaillement et d'équipement (GPS, corde, pelle, Aspivenin). Sans compter le problème de l'eau, un ensablement est vite arrivé. Nous vous recommandons vivement de **faire appel aux professionnels.** De nombreux tour-opérateurs proposent des excursions dans le désert et leurs prestations sont assez similaires. Ils viennent vous chercher à votre hôtel et sur place, est servi un buffet, suivi d'un spectacle (danse du ventre, fauconnerie, henné, tour en dromadaire...). Certains, comme Platinum Heritage (voir p. 84), se distinguent en organisant des journées en plus petits groupes et surtout dans un meilleur respect de l'environnement.

**Rens. : voir p. 83. et les adresses des visites guidées p. 189.**

## ÉCRIRE ET COMMUNIQUER

Les **bureaux de poste** sont ouverts sam.-jeu. 9h-18h. Comptez 6 Dhs de **timbre** pour une carte postale vers la France (env. 10 jours).

**Emirates Post Groupe : ☎ 600 5 99999 • www.epg.gov.ae**

### En cas d'urgence

**Ambassade de France aux ÉAU (Abu Dhabi) :** Etihad Towers, Office Tower (Tower n° 3), level 22, Corniche West (J10) • ☎ 02 813 1000 • https://ae.ambafrance.org

**Consulat général de France à Dubaï :** Habtoor Business Tower, level 32, Dubai Marina (B5) • ☎ 408 4900 • https://dubai.consulfrance.org

**Ambulance :** ☎ 998.

**Police :** ☎ 999.

**Pompiers :** ☎ 997.

**Dubai Municipality Emergency :** ☎ 223 2323.

**Tourist Security :** ☎ 800 4888.

**Hôpitaux :** pensez à toujours vous munir de votre passeport.
- **American Hospital :** Oud Metha (E1) • ☎ 04 337 5500, www.ahdubai.com
- **Emirates French Hospital (Abu Dhabi) :** Al Nahda Tower, Corniche Road (J10) • ☎ 02 626 5722.

**Pour téléphoner aux ÉAU depuis la France :** 00 971 (indicatif des ÉAU) + code régional (4 pour Dubaï, 2 pour Abu Dhabi) + les 7 chiffres du numéro local.
**Pour téléphoner à l'intérieur des ÉAU :** 04 ou 02 + les 7 chiffres du numéro local (05 vers un téléphone mobile).
**Pour appeler la France depuis les Émirats :** 00 33 + numéro de votre correspondant (sans le 0).

**Vous pouvez utiliser librement tous les réseaux sociaux.** Prenez garde, cependant, à ce que vous postez et veillez à rester respectueux. L'utilisation des moyens de communication tels que FaceTime, Skype, WhatsApp vidéo est interdite. Seul les appels par l'application Botim peuvent aboutir.

## ET LE BUDGET ?

Dubaï, comme Abu Dhabi, sont des destinations haut de gamme. Une nuit à l'hôtel coûte minimum 300 Dhs, mais plus souvent 500-800 Dhs ; un repas au restaurant 150-200 Dhs pour le déjeuner (sans l'alcool) et même 800 Dhs le soir. Les principaux sites sont payants (100 Dhs en moyenne). Mais l'accès aux musées est peu onéreux et de nombreuses plages sont accessibles gratuitement.

### COMMENT PAYER ?

La monnaie est le **dirham des Émirats arabes unis** (Dhs ou AED). Le moyen le plus pratique pour faire la conversion est de diviser le nombre de dirhams par 4. Les cartes bancaires Visa et MasterCard sont acceptées presque partout sans minimum d'achat. Au distributeur automatique, une commission d'env. 2,5 % sera prélevée sur chaque retrait (renseignez-vous auprès de votre banque). Dans les quartiers populaires, veillez à avoir des espèces pour vos achats dans les souks et les échoppes.
Pour changer votre argent, vous trouverez un peu partout dans la ville des **bureaux de change** ; ils appliquent un meilleur taux que les banques et les hôtels. Cependant, à votre arrivée, il vaut mieux avoir déjà quelques dirhams pour payer votre taxi - évitez les bureaux de change de l'aéroport dont les commissions sont élevées. Les plus intéressants restent les bureaux de change du vieux Dubaï. L'un est situé juste devant la station d'*abras*, à proximité du Souk Al Kabeer de Bur Dubai ; le second, à l'entrée du Gold Souk (Deira).

### POURBOIRE

Les petits salaires sont souvent améliorés par les pourboires, pensez à laisser quelques dirhams (3-5 Dhs) aux employés d'hôtel et aux métiers de service. Dans les restaurants, vous pouvez donner l'équivalent de 5 à 10 % de la note.

# **Nos hôtels** PAR QUARTIER

## Bur Dubai (Quartier 1 - p. 24)

### BARJEEL HERITAGE GUEST HOUSE

Ce petit hôtel à l'architecture authentique propose 9 chambres pleines de charme donnant toutes sur une cour intérieure.

**Al Ghubaiba Road (Plan G7) ; à côté de l'Heritage Village, au bord de la *creek***
**• M° Al Ghubaiba • ☎ 04 354 4424**
**• www.heritagedubaihotels.com**
**• Entre 300 et 700 Dhs .**

### XVA ART HOTEL

Dans le cœur du village pittoresque d'Al Bastakiya, cet hôtel est aussi une galerie d'art et un café (p. 26). Élégant et paisible, il propose 11 chambres de caractère conçues par des designers et artistes locaux.

**Al Bastakiya (Plan H7) ; dans le centre du village • M° Al Fahidi • ☎ 04 353 5383 • www.xvahotel.com • Entre 630 et 800 Dhs (pas de télévision).**

### MAZMI CASA

Devant les flots de la *creek*, ce B & B de 3 chambres est magnifiquement décoré dans une demeure typique du vieux quartier historique. Service aux petits soins.

**Textile Souq, Creekside (Plan H7)**
**• M° Al Ghubaiba ou Al Fahidi**
**• ☎ 04 282 7252 • www.mazmi.me**
**• Entre 370 et 1 100 Dhs.**

## Deira (Quartier 2 - p. 36)

### RADISSON BLU HOTEL, DUBAI CREEK

Niché sur les rives de la *creek*, vous pourrez profiter pleinement de la splendeur du vieux Dubaï, avec le marché aux épices et les souks de l'or et du parfum.

**476, Baniyas Road (Plan I7) • M° Union**
**• ☎ 04 222 7171 • www.radissonblu.com**
**• Entre 230 et 875 Dhs.**

### RIVIERA HOTEL

Surplombant la célèbre *creek*, les chambres de cet établissement bénéficient toutes d'installations et d'un service de qualité.

**Baniyas Road (Plan H6),**
**M° Baniyas Square**
**• ☎ 04 222 2131**
**• www.rivierahotel-dubai.com**
**• Entre 500 et 800 Dhs.**

## DIFC et Zabeel (Quartier 3 - p. 42)

### AL SALAM TOWER

Ces appartements très confortables offrent une vue imprenable sur Dubaï. Faciles d'accès avec différents métros à proximité et idéaux pour visiter les principaux sites touristiques.

**Sheikh Zayed Road (Plan D2) • M° Financial Centre • ☎ 04 343 4347 • www.alsalamtower.com • Entre 300 et 1000 Dhs (petit déjeuner non inclus).**

## Downtown Dubai et le Burj Khalifa (Quartier 4 - p. 46)

### THE ROVE DOWNTOWN

Avec des prix imbattables, les hôtels Rove sont un compromis idéal pour dormir dans un lieu *trendy* et moderne tout en profitant de prestations de qualité.

**312, Happiness Street, Zabeel 2 (Plan D2) • M° Burj Khalifa / Dubai Mall • ☎ 04 561 9000 • www.rovehotels.com • Entre 200 et 250 Dhs (petit déjeuner non inclus) ; + 45 Dhs pour une vue sur le Burj Khalifa !**

### VIDA DOWNTOWN HOTEL

La décoration des chambres est stylée et plutôt conçue dans un esprit high-tech. Piscine, salle de gym et soirées avec DJ.

**Mohammed Bin Rashid Boulevard, (Plan D3) • M° Burj Khalifa / Dubai Mall • ☎ 04 428 6888 • www.vida-hotels.com • Entre 200 et 1 400 Dhs (petit déjeuner non inclus).**

## Jumeirah et Satwa (Quartier 5 - p. 52)

### HOLIDAY INN EXPRESS SAFA PARK

La célèbre enseigne offre le confort habituel. Si l'hôtel manque un peu de charme, sa situation est centrale, non loin du métro et à côté du canal pour un jogging matinal ou une promenade en fin de journée.

**Al Wasl Road et Sheikh Zayed Road (Plan D3) ; après Golf News, derrière Dubai Canal • M° Business Bay • ☎ 04 511 9333 • www.ihg.com • Entre 300 et 600 Dhs.**

### LA VILLE

Dans le quartier piétonnier de City Walk, à mi-chemin entre la mer et Downtown, cet hôtel-boutique sophistiqué offre une vue à couper le souffle sur toute la skyline, et propose des prestations sans faille.

**Al Multaqa Street, City Walk 2 (Plan D2) • M° Burj Khalifa / Dubai Mall • ☎ 04 403 3111 ou 05 4309 5948 • www.livelaville.com • Entre 500 et 2000 Dhs.**

### RAMADA JUMEIRAH HOTEL

Chambres sobres et confortables, non loin des plages de Jumeirah. Piscine sur le toit, salle de gym pour les courageux et spa pour le réconfort.

**Al Mina Road (Plan D1) • M° Dubai World Trade Centre • ☎ 04 702 7000 • www.ramadajumeirah.ae • Entre 300 et 1 300 Dhs (petit déjeuner non inclus).**

## Jumeirah, Umm Suqeim et Burj al-Arab (Quartier 6 - p. 58)

### JUMEIRAH AL NASEEM

Parmi les nombreux hôtels luxueux de l'enseigne Jumeirah, Al Naseem, le plus contemporain du Madinat, se jette littéralement au pied du Burj al-Arab. Pour la vue c'est incomparable, et pour le reste, vous pouvez profiter de toutes les facilités (restaurants, plages, piscines, kids Club…) des deux palaces voisins Al Qasr et Mina A'Salam, des balades en buggy ou en *abra* sur les canaux, et l'accès au parc aquatique Wild Wadi. Une petite folie à s'offrir une fois dans sa vie !

**Madinat Jumeirah, Umm Suqeim 3 (Plan C4) • ☎ 04 366 8888 • www.jumeirah.com • Entre 1 300 et 5 200 Dhs.**

### SOKOUN VILLA

À quelques pas de la plage, voici un lieu hors cadre pour s'immerger dans une villa émirienne à la déco simple mais propre, et réaménagée autour d'un incroyable patio blanc et cobalt.

**Croisement Jumeirah Beach Road et Al Thanya Road (Plan C4) ; près d'Umm Suqeim Park • ☎ 04 345 2444 • https://sokoun-villa.hotels-in-dubai.org • Entre 300 et 510 Dhs.**

## Dubaï Marina et JBR (Quartier 8 - p. 68)

### SOFITEL JUMEIRAH BEACH

Hôtel de standing situé le long de la promenade The Walk, bordée de restaurants et de magasins. Les chambres sont lumineuses avec vue sur la mer. Service attentionné.

**Jumeirah Beach Residence, The Walk (Plan A5) • M° DMCC • ☎ 04 448 4848 • www.sofitel-dubai-jumeirahbeach.com • Entre 600 et 4 600 Dhs.**

### HABTOOR GRAND RESORT & SPA

Une adresse à privilégier en famille avec son immense piscine et ses toboggans. Accès direct à la plage, spa, choix de restaurants et 2 clubs.

**Al Falea Street (Plan A-B5) • M° DAMAC Properties • ☎ 04 399 5000 • www.habtoorgranddining.com • Entre 570 et 2 530 Dhs.**

## NOVOTEL AL BARSHA

Situé juste en face du métro Sharaf DG et à quelques minutes du Mall of the Emirates, cet hôtel propose 465 chambres, 5 restaurants et bars, une salle de gym, un spa et surtout l'incontournable piscine.
**Sheikh Zayed Road, Al Barsha 1 (Plan B4) • M° Sharaf DG • ☎ 04 304 9000 • www.accorhotels.com • Entre 136 et 999 Dhs (petit déjeuner non inclus).**

## HOLIDAY INN EXPRESS INTERNET CITY

Principalement entouré de bureaux, ce vaste hôtel est un bon compromis niveau budget pour visiter le sud de Dubaï.
**Knowledge Village (Plan B5) • M° Dubai Internet City • ☎ 04 427 5555 • www.hiexpress.com • Entre 110 et 540 Dhs.**

# Palm Jumeirah (Quartier 9 – p. 74)

## ANANTARA THE PALM

Établissement réputé de l'île, avec des appartements, des chambres longeant de vastes piscines ou des villas sur pilotis surplombant la mer. Splendide vue sur le littoral !
**East Crescent Road, Palm Jumeirah (Plan B4) • Accès en Palm Monorail puis taxi • ☎ 04 567 8888 • www.anantara.com/fr/palm-dubai • Entre 800 et 3 145 Dhs.**

# Autour de Dubaï (Visite 10 – p. 80)

## BAB AL SHAMS

Magnifique hôtel situé aux portes du désert dans un cadre arabisant sobre aux couleurs chaudes. Cours ombragées, fontaines, palmeraie... une atmosphère unique.
**Al Qudra Road (HP par E5) ; à env. 40 min de Dubaï • ☎ 04 809 6100 • http://babalshams.com • Entre 550 et 1 573 Dhs (petit déjeuner non inclus) • Réservez longtemps à l'avance.**

## BANYAN TREE AL WADI

Une oasis de tranquillité et de paix, au cœur des étendues de sable, dotée d'une réserve naturelle. Idéal pour un séjour romantique. Piscine privée dans toutes les villas.
**Ras el Khaïmah (HP par F1) ; à 1 h 15 de Dubaï • ☎ 07 206 7777 • www.ritzcarlton.com • Entre 2 000 et 2 870 Dhs.**

## SEDR TRAILERS RESORT

Dans un *wadi* privé, 13 caravanes Airstream avec vue sur les eaux turquoise du barrage Hatta Dam (départ en kayak à vos pieds). Un camping atypique et discret au confort sans fioritures, mais au look incomparable.

**Hatta Dam ; accès par la route E102 Sharjah Kalba ; après Shawka, rejoindre Hatta vers la E44 • ☎ 800 637 227 • www.visithatta.com • Fermé de début mai au 31 sept. • Entre 599 et 685 Dhs (petit déjeuner non inclus) • Réservez longtemps à l'avance. Demandez la caravane 7, la mieux placée !**

### DAMANI LODGES RESORT

20 cabanes sur pilotis éparpillées dans les montagnes, avec une superbe vue, si votre lodge n'est pas situé en contrebas de la colline et près de la route. Accès direct aux Wadi *hubs* (infrastructures sportives payantes), pistes cyclables et food trucks. Un conseil : demandez les chambres 14, 15, 16 et 21. La 17 ne donne sur aucun voisin !

**MTB Trail, Wadi Hub ; accès par la route E102 Sharjah Kalba ; après Shawka, rejoindre Hatta vers la E44 • ☎ 800 637 227 • www.visithatta.com • Fermé de début mai au 31 sept.• Entre 669 et 810 Dhs (petit déjeuner non inclus) • Réservez longtemps à l'avance.**

## Abu Dhabi (Visite 11 – p. 90)

### ONE TO ONE HOTEL – THE VILLAGE

Un établissement moderne et agréable qui vous proposera tous les services classiques d'un hôtel émirien : piscine, salle de sport, bar, restaurant...

**Al Salam Street, Al Nahyan (Plan J10) • ☎ 02 495 2020 • www.onetoone hotels.com • Entre 260 et 550 Dhs.**

### NOVEL HOTEL CITY CENTER

Non loin de la corniche, cet hôtel plutôt sobre et classique dispose de chambres modernes et confortables. La piscine et sa charmante terrasse sont idéales pour se rafraîchir... et le bar situé sur le toit vous offrira une vue agréable sur la ville.

**Sheikh Hamdan Street (Plan J10) • ☎ 02 633 3555 • https://novel-danathotels.com • Entre 169 et 655 Dhs (petit déjeuner non inclus).**

### YAS ISLAND ROTANA

Certes, ce resort est quelque peu éloigné du centre, mais vous verrez que Yas Island réserve bien des surprises. C'est l'île des loisirs et de la fête (avec son circuit automobile, son parc aquatique et son immense salle de concerts). Les chambres sont bien équipées et ultra-confortables, plage à proximité, fauteuils-boules au bord de la piscine, restaurants, spa, salle de sport...

**Golf Plaza, Yas Island (L10) • ☎ 02 656 4000 • www.rotana.com • Entre 295 et 1 000 Dhs (petit déjeuner non inclus).**

# Lexique

## Quelques termes du quotidien en arabe

Même si la majorité de la population parle l'anglais, vos hôtes apprécieront probablement que vous sachiez prononcer quelques mots en arabe.

### Indications phonétiques

le *r* = *r* roulé

le *gh* = *r* fortement grasseyé

le *kh* = *j* espagnol (jota) ou *ch* allemand

le *h* = *h* aspiré

### Vocabulaire

Bonjour (matin ) : ***sabah el kheir*** (réponse : ***sabah el nour***)

Bonjour (après-midi ) : ***masa el kheir*** (réponse : ***masa el nour***)

Salutation : ***s-salam alaykoum*** (réponse : ***alaykoum s-salam***)

Au revoir : ***b'slama***

S' il vous plaît : ***Min fadl-ak*** (homme), ***min fadl-itch*** (femme)

Merci : ***choukrane***

Non merci : ***la choukrane***

Monsieur : ***sidi***

Madame : ***saïda***

Oui : ***na'am***

Non : ***la***

### EXPRESSIONS USUELLES

Au revoir : ***goodbye***
Bonjour (matin) : ***good morning***
Bonjour (après-midi) : ***good afternoon***
Bonsoir : ***good evening***
C'est trop cher : ***it is too expensive***
Combien cela vaut-il ? : ***how much is it ?***
Comprenez-vous ? : ***do you understand ?***
Excusez-moi : ***excuse me***
Je ne comprends pas : ***I don't understand***
Je voudrais : ***I would like***
Je vous en prie : ***You are welcome***
Merci : ***thank you***
S'il vous plaît : ***please***

### ESPACE ET TEMPS

Après : ***after***
Aujourd'hui : ***today***
Avant : ***before***
Demain : ***tomorrow***
Heure : ***hour***
Horaire : ***schedule***
Hier : ***yesterday***
Maintenant : ***now***
Minute : ***minute***
Où : ***where***
Pendant : ***during***
Près : ***near***
Quand : ***when***
Quelle heure est-il ? : ***what time is it ?***
Tard : ***late***
Tôt : ***early***

### SHOPPING

Acheter : ***to buy***
Argent : ***money***
Bon marché : ***cheap***
Boutique : ***shop***
Cabine d'essayage : ***fitting room***
Centre commercial : ***mall***
Étiquette : ***tag***
Grand magasin : ***department store***
Marché : ***market***
Mode : ***fashion***
Payer : ***to pay***
Prix : ***price***
Rabais : ***discount***
Soldes : ***sales***
Taille et pointure : ***size***

### À LA DOUANE

Carte d'identité : ***identity card (ID)***
Devises étrangères : ***foreign currency***
Douanier : ***customs agent***

Objets personnels : ***personal effects***

Passeport : ***passport***

Rien à déclarer ? : ***nothing to declare ?***

## À L'HÔTEL

Chambre individuelle : ***single room***

Chambre double : ***double room ou twin room***

Climatisation : ***air conditioning (AC)***

Je voudrais une chambre : ***I would like a room***

Quel est le prix ? : ***what is the price ?***

Réservation : ***booking***

Salle de bains particulière : ***private bathroom***

Voiturier : ***parking valet***

## AU RESTAURANT

Addition : ***bill***

À emporter : ***to take away***

Assiette : ***plate***

Bière : ***beer***

Boire : ***to drink***

Boisson (sans alcool) : ***soft drink***

Boisson alcoolisée : ***drink***

Bouteille : ***bottle***

Couteau : ***knife***

Cuillère : ***spoon***

Déjeuner : ***lunch***

Dessert : ***sweet course***

Dîner : ***dinner***

Eau gazeuse : ***sparkling water***

Eau minérale : ***spring water***

Fourchette : ***fork***

Fromage : ***cheese***

Garçon : ***waiter***

Manger : ***to eat***

Menu : ***menu***

Pain : ***bread***

Plats du jour : ***specials***

Petit déjeuner : ***breakfast***

Pourboire : ***tip***

Repas : ***meal***

Salade : ***salad***

Service compris : ***service included***

Viande : ***meat***

Vin : ***wine***

## EN VILLE

À droite : ***on the right***

À gauche : ***on the left***

Bus : ***bus***

Centre-ville : ***downtown***

Métro : ***metro***

Rue : ***street***

Taxi : ***taxi, cab***

Ticket : ***ticket***

Tout droit : ***straightforward***

Tramway : ***tramway***

# Index

## DUBAÏ

## AUTOUR DE DUBAÏ



## ABU DHABI

## CRÉDIT PHOTOGRAPHIQUE

## Intérieur

**Ursula Rénique :** p. 1, p. 2, p. 3, p. 5 (b.), p. 6, p. 7 (b.), p. 10 (b.), p. 11 (ht, c.), p. 12, p. 13 (ht), p. 15, p. 16, p. 17, p. 21, p. 22, p. 25, p. 26, p. 28, p. 29, p. 30, p. 43, p. 44, p. 45, p. 47, p. 49, p. 51, p. 53, p. 55, p. 59, p. 61, p. 62, p. 65, p. 67, p. 69, p. 70, p. 77, p. 81, p. 84, p. 91, p. 92, p. 93, p. 94, p. 98, p. 103, p. 107, p. 108, p. 110 (ht d.), p. 112, p. 115, p. 117, p. 118, p. 119, p. 120, p. 121, p. 122, p. 126, p. 128, p. 133, p. 140, p. 142, p. 147, p. 148, p. 150, p. 161 (ht d.), p. 163, p. 164, p. 167, p. 169, p. 170, p. 171, p. 174.

**Patrice Hauser :** p. 7 (ht, c.), p. 9 (ht, b.), p. 10 (ht), p. 11 (b.), p. 14, p. 23, p. 33, p. 38, p. 41, p. 57, p. 73, p. 75, p. 76, p. 82, p. 89, p. 100, p. 101, p. 106, p. 110 (b. g.), p. 113, p. 116, p. 124, p. 129, p. 131, p. 137, p. 138, p. 156, p. 158, p. 173, p. 177, p. 179.

**hemis.fr :** © Jon Arnold Images : p. 5 (ht), p. 79 ; © MORANDI Tuul et Bruno : p. 35 ; © SEUX Paule : p. 145.
**shutterstock.com :** © Lukas Holub : p. 4 ; © Katiekk : p. 8 ; © Zhukov Oleg : p. 9 (c.) ; © Manuel Ascanio : p. 10 (c.) ; © walisheru : p. 87 ; © Ali Suliman : p. 95 ; © seeshooteatrepeat : p. 153.
**stock.adobe.com :** © michael : p. 37 ; © Fahd : p. 99.

Nous adressons tous nos remerciements aux établissements suivants pour leur aide précieuse et pour nous avoir permis de reproduire leurs photographies :
**© Platinum Heritage Group :** p. 13 (b.), p. 85.
**© Department of Culture and Tourism - Abu Dhabi/ Photo by Hufton+Crow. Architect : Jean Nouvel :** p. 97. Et Atelier Jean Nouvel.
**© Siddharta Lounge / Grovesnor House, Dubai :** p. 152.s
**© The Jetty Lounge / One&Only Royal Mirage, Dubai :** p. 154.
**© House of Ballerinas :** p. 161 (b. g.).

## Couverture

**Plat 1, haut :** la grande mosquée Cheikh Zayed à Abu Dhabi, © Camille Moirenc/hemis.fr ; **bas** : la marina de Dubaï © Ursula Rénique.
**Plat 4 ht. :** abra à Madinat Jumeirah, © Ursula Rénique ; **bas** : le bar-restaurant Shimmers à Dubaï, © Ursula Rénique.

Dernière édition revue et enrichie par **Émilie Fériaud**.
Édition antérieure revue et augmentée par **Iman Kissane**
Édition originale établie par **Alexa Mey** et **Rachel Rousseau**.

**Direction :** Nathalie Bloch-Pujo
**Direction éditoriale :** Cécile Petiau
**Édition :** Marine Barbier-Blin, Camille Dupont, Émilie Lézénès, Géraldine Péron, Adam Stambul, Julie Wood
**Suivi éditorial :** Anne-Sophie de Précourt
**Lecture-correction :** Marie-Odile Mauchamp
**Ont également collaboré à cet ouvrage :** Emmanuelle Fernandez, Marie Lagrave, Émilie Prudhommeaux et Ionah Vasseur
**Cartographie :** Frédéric Clémençon, Aurélie Huot et Kévin Richez
**Fabrication :** Liza Sacco

**Conception graphique de la couverture et de la maquette intérieure :**
Caroline Joubert • www.atelier-du-livre.fr

**Contact presse :** rmazef@hachette-livre.fr - ☎ 01 43 92 36 66
**Contact publicité :** vhabert@hachette-livre.fr - ☎ 01 43 92 32 52

Aussi soigneusement qu'il ait été établi, ce guide n'est pas à l'abri des changements de dernière heure, d'erreurs ou omissions. Ne manquez pas de nous faire part de vos remarques. Informez-nous aussi de vos découvertes personnelles, nous accordons la plus grande importance au courrier de nos lecteurs :
**Guides Un Grand Week-end - Hachette Tourisme - 58, rue Jean-Bleuzen, 92 170 Vanves**
**weekend@hachette-livre.fr**
**Facebook** @GuidesUnGrandWeekend • **Instagram** @ungrandweekend
• **Twitter** @ungrandweekenda



Édité par Hachette Livre (58, rue Jean-Bleuzen, CS 70007, 92 178 Vanves Cedex)
Imprimé par Polygraf (Capajevova 44, 08199 Presov, Slovaquie)
Achevé d'imprimer : octobre 2019
ISBN : 978-2-01-706350-6 - 20-2766-8
Dépôt légal : octobre 2019 - Collection n° 44 - Édition : 01